山东省社会科学规划文化旅游研究专项《"线性"文化遗产视域下黄河文化旅游资源（山东段）区域一体化开发研究》阶段性成果。批准号20CLYJ01

九州文库

线性文化视域下黄河流域文化旅游资源开发研究

王光利 著

九州出版社

JIUZHOUPRESS

图书在版编目（CIP）数据

线性文化视域下黄河流域文化旅游资源开发研究 /
王光利著 . -- 北京 : 九州出版社 , 2022.6

ISBN 978-7-5225-0975-4

Ⅰ . ①线… Ⅱ . ①王… Ⅲ . ①黄河流域—旅游文化—
旅游资源开发—研究 Ⅳ . ① F592.7

中国版本图书馆 CIP 数据核字（2022）第 097720 号

线性文化视域下黄河流域文化旅游资源开发研究

作　　者　王光利　著

责任编辑　蒋运华

出版发行　九州出版社

地　　址　北京市西城区阜外大街甲 35 号（100037）

发行电话　（010）68992190/3/5/6

网　　址　www.jiuzhoupress.com

印　　刷　唐山才智印刷有限公司

开　　本　710 毫米 ×1000 毫米　16 开

印　　张　11

字　　数　168 千字

版　　次　2023 年 1 月第 1 版

印　　次　2023 年 1 月第 1 次印刷

书　　号　ISBN 978-7-5225-0975-4

定　　价　85.00 元

目　录
CONTENTS

第一章 绪 论

黄河落天走东海，万里写入胸怀间。黄河是中华民族的母亲河，它从号称"世界屋脊"的青藏高原奔腾而下，以勃勃活力，不但养育了大河两岸的万千子民，而且孕育出瑰丽多彩的文化形态，留下了极其丰富的文化遗产，为新时代黄河流域高质量发展奠定了坚实基础。2019年9月，习近平在《在黄河流域生态保护和高质量发展座谈会上的讲话》指出："要推进黄河文化遗产的系统保护，深入挖掘黄河文化蕴含的时代价值，讲好'黄河故事'，延续历史文脉。"[1]这不但指出了挖掘黄河文化内涵、系统保护黄河文化遗产的重要性，而且也为我们以"文旅融合"为视角探索沿黄九省区中心城市与城市群高质量发展开辟了新路径。

一

古希腊哲学家泰勒斯认为"水是万物之源"[2]。水不仅是生命的源泉、万物赖以存在的一种物质形式，而且是万物不变的本体。滨江临河"逐水而居"是世界各地各民族自古至今争取生存与发展一直遵循的基本准则之一。由此

---

[1] 习近平:《在黄河流域生态保护和高质量发展座谈会上的讲话》《水资源开发与管理》2019年第20期。

[2] ［挪］奎纳尔·希尔贝克、尼尔斯·吉列尔:《西方哲学史——从古希腊到当下》，童世骏等译，上海译文出版社，2016，第27页。

水成为民族之源、文化之源，水文化成为民族文化的重要组成部分。黄河自青藏高原绵延5464千米，流经9个省区后汇入渤海。黄河流域是中华文明的重要发祥地，上千条支流与溪川交错相汇，流域面积达752443平方千米。《汉书·沟洫志》曰："中国川源以百数，莫著于四渎，而黄河为宗。"① 在中华民族5000多年的文明史中，黄河流域在相当长的一段时期内都处于中国政治、经济、文化的中心地带。在孕育了中华民族始祖文化、仰韶文化、马家窑文化以及河湟文化、河洛文化、关中文化、齐鲁文化等地域文化和西安、洛阳、郑州、开封、安阳等古城的同时，绵延不绝、奔腾不息黄河之水也如一条玉带将黄河两岸的山水、草木、子民、城池及文化、历史、风俗串接为一个具有独特地域特色，在社会、政治、经济、文化、交通及地理风貌诸多方面浑然天成的流域整体②。

河流是一定区域内经常或间歇地沿着狭长凹地流动的水流。由于地形地貌、水文环境以及与之相适应生存方式的不同，千百年来河流对其流域的人类历史文化的形成与塑造具有重要影响。河流并非单向地影响人类，而是在与人类的互动过程中，人类与河流的关系发生根本性变化。人们沿河而居，其生存环境、生产方式、交流方式、思想意识、价值观念、审美情趣、宗教信仰等无不受到河流的影响，文化形态铭刻着河流独特的印记。河流本身作为一种自然现象具有独特性，而与之相依相生的文化也必然具有独特的文化形态。埃及尼罗河流域文化、印度恒河流域文化、两河（幼发拉底河、底格里斯河）流域文化都因其独特的文化属性而成为文明发祥地与多样文化形态的载体。河流文化具有同质性、地域性与文化属性三个要素。同质性是整个流域的人们在情感、生存方式等方面对河流本身具有共同的趋向性和认同感；地域性是指河流文化存在的范围以河流流经地区为地理限制；文化属性是指包括生活方式、政治制度、价值观念、思维方式、宗教信仰、文学艺术、审美情趣、精神图腾等流域范围内物质文明与精神财富的总和。

黄河是一条自西向东绵延不绝、丰厚多样的河流，孕育了中华民族悠久历史和灿烂文化。人们在与黄河相依相生的过程中形成了独特的黄河文化，

---

① ［汉］班固:《汉书》第6册，［唐］颜师古注，中华书局，2006，第1622页。

② 陈耀等:《黄河流域生态保护和高质量发展》《区域经济评论》2020年第1期。

其主要特征可以概括为下列六点：一是同质共源性。整个黄河流域因为同一条水流紧密联系在一起，千百年来在农业生产、交通交流、政治制度、风俗人情、精神图腾等方面具有共同的连接纽带而表现出同质共源性。二是持续性。世界四大"大河文明"只有黄河文化不曾间断。中华文明发祥于此，黄河文化一直与中华民族共生共荣。三是包容性。黄河文化吸纳了流域众多的原始文化，又通过丝绸之路吸纳融合了众多域外文化，形成了一个富有包容性的多元一体的文化体系。四是创新开拓性。黄河文化在历史发展长河中历久弥新，以其创新与开拓精神不断适应新环境，表现出丰沛的活力。五是团结协作性。历史上黄河经常发生洪涝灾害，只有上、中、下游联合起来统一部署才能战胜灾害，因而团结协同已渗透黄河文化深处。六是坚韧务实性。黄河流域经常遭受洪涝、旱灾、蝗虫及瘟疫等灾害的蹂躏，人们没有背弃离开，仍然不懈地克服种种困难，顽强生活在黄河流域，繁衍生息不断发展，在此过程中培养了坚韧务实的优秀品格。

二

黄河流域以其悠久的历史、丰富的文化遗存以及宽广的地域范围成为中国最具有历史文化与艺术价值的超大型线性文化遗产区域或流域。线性文化遗产区域是指由某一元素将众多历史文化遗产串接而成的具有线状特征，注重价值认同、地域合作、民族交融、文化互动的人文地理区域。一般是指跨越不同地理单元和文化板块的线状或带状遗产组群。绵延不绝的水体将黄河流域的历史文化遗产串接成一个既具有时间维度又具有空间维度的庞大、复杂、综合的文化遗产系统。之所以能成为一个整体，从学术角度而言是因为黄河流域拥有共同的文化基因（文化的基本单位，通过非遗传方式，特别是模仿而得到传播）[①]，而文化基因具有复制与传播功能。学者苏珊·布莱克摩尔（Susan Blackmore）认为："任何一个信息，只要它能够通广义上称为'模仿'

---

① ［英］苏珊·布莱克摩尔：《迷米机器》，高申春等译. 吉林人民出版社，2001，第4页。

的过程而被'复制',它就可以称为模因。"①文化是模因进行不间断复制、传播与生存的载体或依存形式。模因论开启了人类对文化进化规律的探索与研究。

西方学者认为,模因在文化遗产如各民族民俗节庆、宗教信仰、传统民间技艺以及民间文化、地域文化等所扮演的文化传承角色尤为重要。黄河流域的物质文化遗产与非物质文化遗产也遵从文化基因复制与传承的规律,从而呈现出具有整体性特色的黄河文化形态,因而可以将整个黄河流域视为一个具有同质性与同源性的线性文化遗产区域。

"文化线路"是1964年在欧洲出现的一个新概念。1998年专门负责文化线路类遗产研究与管理的国际古迹遗址理事会在卢森堡设立文化线路科学委员会(ISCCR),标志着以"交流与对话"为特征的文化线路成为国际文化遗产领域普遍接受与认可的新型文化遗产理念。在文化遗产领域"文化线路"被定义为:"文化线路或路线的概念指的是一套整体大于个体之和的价值,正是借助这套价值,文化线路才具有意义。鉴别文化线路的依据是能够证明线路自身意义的一系列要点和物质元素。通过在某段历史时期对某个社会或团体的文明进程起到决定性作用的线索,来承认某条文化线路或路线中能够联系到某个非物质价值的关键要素和实物。"②

学者阿尔贝托(Alberto M)认为,"文化线路"不但具有物理连接性而且还具有精神关联性。物理连接性与精神关联性是文化线路的两大基本特征。物理连接性顾名思义是指利用具有物理属性的河流、山脉、道路、桥梁等在空间上将不同地理区域连接起来,形成一个内部具有相对关联性的区域。物理连接能有效促进不同地域人类之间的文化交流、物资交换与流动迁徙。文化线路使用者是作为"线路精神"创造者、传播者和接受者的人类自身③。由于线路是不断变化或使用的人是不断变化的,因而"线路精神"是活态的,它随着历史演变和空间转换会持续不断自我创新并传承下去。阿尔贝托认为,

---

① Susan Blackmore, *The Meme Machine* (Oxford: Oxford University Press, 1999), P.25.

② 单霁翔:《关注新型文化遗产——文化线路遗产的保护》《中国文物科学研究》2009年第3期。

③ Alberto M, *The Route of SantiagoinSpain* (*Camino Frances*) *as WHS*: *Its Conservation and management*, Xi'an: World Publishing Corporation, 2005.

在"文化线路"保护管理及开发利用方面认为最重要的是保证文化线路的"原真性"和"完整性"。虽然有些区域与线路有千丝万缕的联系，但却因为某种原因，例如历史中断等，而未能进入线路保护范围，必然破坏了文化线路的"完整性"原则。而沿线的某些地域虽然在名义上已经被列入文化路线范围之内，但如果这些区域在文化本质与内涵上与线路或线路精神之间没有关联或关联性不大，那么它们的存在必然有损文化线路的"原真性"保护开发原则。

欧洲文化线路与美国遗产廊道（Heritage Corridor）在线性文化遗产区域保护与旅游开发方面是相通的。遗产廊道即"在人类活动基础上所形成的由自然、文化、历史、风景等资源组成的在某方面具有独特性的国家景观，这些由人类活动所形成的物质资源及蕴含其中的传统文化、民俗风情等使其在某种意义上成为国家历史的见证者"[①]。美国阿迪胡达克公园（Adiroundack Park）在19世纪末期提出了"'绿线公园'——'国家保护区'"这一核心理念。"绿线"是"遗产区域"（Heritage Area）的一种线性表达，也是一种区域化遗产保护的战略方法。绿道或遗产廊道概念及其主旨思想在美国的实践是运用线性廊道理念的绿线公园在更大的范围内保护诸如水资源等线性文化。1984年美国国会通过相关立法，认定伊利诺伊和密歇根运河为国家遗产廊道。这标志着遗产廊道在国家层面上成为美国遗产保护的基本理念与策略。从现实层面来看，经过长期努力美国的廊道遗产保护总体上取得较好的预期效果。截至2015年11月，美国全国共设立了49个国家遗产区域，其中8个线性遗产区域，包括伊利诺伊和密歇根运河，使用了遗产廊道之称谓[②]。

客观而言，黄河文化是一个庞大、复杂、多元，极富综合性的文化系统。在历史发展进程中，黄河作为一条线性纽带在沿岸流域文化传播、人员交流、融合发展等诸多方面，对形成大一统、多元化的文化格局起着非常重要的作用。几千年来，人们在黄河流域繁衍生息。黄河流域范围广大、历史文化悠长，人居环境复杂多变，不同的文化不断交流、融合、借鉴、继承，呈现出丰富多彩的多元文化，留下了极为丰富的文化遗产。这些遗产从历史哲学的

---

① Daly.Jayne, "Heritage areas: *Connecting people to their place and history*," Forum Journal 17, No.4（2003）.

② 王吉美、李飞:《国内外线性遗产文献综述》《东南文化》2016年第1期。

角度而言是中华民族的根基与灵魂。根植于奔腾向前的"九曲黄河"的遗产群体，整体上不但具有庄严厚重的品格，而且也体现出密集分布、形式多样、特色鲜明的特征，与黄河流域悠久的历史、广袤的流域面积、复杂多样的自然和人文环境相映生辉，从而使黄河文化遗产形成了鲜明的特点。远古时代在伊洛瀍涧的碧溪清流间，黄河两岸星罗棋布的旧石器文化遗址闪耀着中华文明的灵光。随着新石器时期裴李岗文化、仰韶文化、龙山文化等的出现与发展，黄河流域最终形成了二里头文化，即夏文化。通过考古发现，夏、商、周三代的都城遗址可以证实都在黄河流域。它们与星罗棋布的旧石器文化、新石器文化遗址，构成黄河文化遗产最早的根脉。而文化遗产如甲骨文、河图洛书、农经医书、儒家经典、先秦诸子学及后世的大量典籍则汇聚成中华民族的魂魄。

黄河文化遗产是黄河文化的载体，在大河两岸，出现了最早的"中国人"。从华胥氏到三皇五帝以及大禹治水的记载，可知夏、商、周三代的都城遗址，都坐落在黄河流域。这些都城遗址与星罗棋布的旧石器文化、新石器文化遗址，构成黄河文化遗产最早的根脉。如陕西西安半坡抄遗址（新石器）、山西襄汾丁村遗址（旧石器）、洛阳偃师二里头遗址（夏商时期）、安阳殷墟（商代）、新郑（属郑州）裴李岗遗址（新石器）、郑州商城遗址（商代）、山东泰安大汶口遗址（新石器）等。在华夏文明正源生成时代所产生的河图洛书、道德经、儒家经典、先秦诸子学说及后世的大量典籍是中华民族最重要的文化遗产，寄托、铭刻着中华民族的魂。黄河古渡、黄河古栈道、老官台遗址、榆林香炉寺、蒙汉天书、统万城、敦煌、嘉峪关、洛阳古城、莫高窟、龙门石窟等是黄河流域的文化遗产。而二十四节气、中国蚕桑丝织技艺、中医正骨技法、中医烧伤自然疗法、雀金绣技艺、古琴艺术、唐三彩制作工艺、传统木结构营造技艺等则是非物质文化遗产。众多历史名城（街区、村镇）、可移动文物、不可移动文物共同成为黄河流域文化遗产的有机组成部分。

黄河文化（物质与非物质）遗产门类齐全，涵盖了人类文化遗产的方方面面，而且每个地区都拥有独具特色的文化遗产。面对如此复杂的文化现象，如果我们借助欧洲文化线路与美国遗产廊道理念，从文化基因入手对河湟文化、河洛文化、关中文化、齐鲁文化等文化进行调查分析，找到它们文化层级的核心，然后结合沿黄河九省地域文化的划分将其水文化进行地域性文化圈层划分，不但有助于对黄河超大型线性水文化区域的文化遗产分类研究，而且有助于科学、准确、系统地对黄河流域进行保护与开发，避免在黄河文化遗产保护实践中盲目地仿古重建或刻意地模仿照搬，避免黄河流域沿线各省出现"千城一面""万城一颜"的尴尬局面，同时可以有据可循，避免地域之间生硬划线而治，最大限度地保护流域文脉和地域特色。

<h2 style="text-align:center">三</h2>

每个地域、每个民族、每个群落都有自己的文化特质，或一套包括视觉识别、行为识别和理念识别的识别系统。各地文化之间的相对性、差异性或识别性形成了不同文化之间交流的内在动力，而且也成为个体或群体到异地旅游的牵引力。因而文化与旅游的融合成为一种必然。希拉里·迪克罗与鲍勃·麦克彻将文化旅游定义为一种依赖于目的地的文化遗产资产并可转化成供旅游者消费的产品或旅游形式[①]。很多人将文化与旅游比作"诗与远方"。从某种意义上而言，旅游本身是知识与文化的交互和认知的再生产，是一种生活方式，也是一个巨大的经济产业。对于文化而言旅游可以促进文化的社会交流和文化的时代变迁，以让文化本身有存在的合理性，而不至于被搁置[②]。文化与旅游融合不是一种硬性的结合，而是时代与现实的彼此需求。一方面，旅游产品或景点离不开文化自身蕴含的吸引力，没有文化韵味为基础的旅游难以长久；另一方面，旅游的发展有利于文化交流与开发，有利于促进文化的当下重构、保护和传承。从这一角度出发，文旅融合成为黄河流域以旅游为切入点进行高质量发展的必然选择。

黄河流域文化旅游资源作为一个整体具有如下六个特点。1. 全流域是由

---

① 希拉里·迪克罗、鲍勃·麦克彻：《文化旅游》，朱路平译，商务印书馆，2017，第7页。

② 赵跃：《"文旅融合"视域下文化资源的开发路径》《智库时代》2020第2期。

沿黄九省许多点、线、面共同构成的文化遗产廊道。2. 黄河流域是自然要素与文化要素共同构成的混合遗产。3. 流域包括物质与非物质遗产共同构成的文化空间组成，是立体、多元的。4. 从历史角度而言，整个流域以反映普通民众生产生活的文化遗产和乡土建筑等遗产为主体构成。5. 由于以水流为纽带，因而是拥有静态与动态共同构成的活态的文化遗产。6. 黄河流域古代遗址、古代遗存、近代史迹以及当代遗产等共同构成黄河流域文化遗产综合体。

虽然黄河流域拥有丰富而独特的文化旅游资源，基础设施日趋完善，但仍然存在六方面的问题。1. 黄河流域漫长，流经九个省（自治区），由于行政区划、经济利益、历史变迁等原因长期各自为政，缺乏总体规划、统一有效的管理机制，盲目开发、重复建设、资源浪费现象严重。2. 硬件配套设施不完善，景区景点道路、交通等基础设施建设滞后。软件设施难以适应新形式，旅游品牌、精品意识淡薄，宣传活动的形式不多且过于分散，范围和动作不大，影响力较小。3. 对黄河作为文化遗产的认识有待提高，保护机制和保护理念不完善，对黄河文化遗产的忽视和放弃，造成许多沿线城市形态、城市面貌和城市文化的趋同。"千城一面"削弱了沿黄城市的鲜明个性和独特价值。4. 对保护对象和范围的认知存在较大差异，片面追求经济效益，房地产开发等人为因素使黄河历史文化和自然风光退化与消亡，造成不可挽回的巨大损失。5. 对黄河流域文化遗产的家底没有调查清楚，缺乏完整的保护方案，急需有效统筹和协调。6. 由于经济发展不平衡，某些地区经费严重不足，各级文物保护部门力不从心，缺乏交通、水利、环保、国土、建设、规划等相关部门的支持。

黄河流域文化遗产及旅游资源范围广、样态迥异多变，发展潜力巨大，保护与开发必须遵循基本规律与原则。一是原真性（真实性）原则。尽力保护原生态的遗产原物与原貌，不画蛇添足。二是整体性原则。黄河上、中、下游必须整体规划建设。三是文旅融合原则。只有二者完美融合才能获得最大效果。四是可持续性发展原则。目光要长远，不涸泽而渔。五是主线原则。尽量避免过多外部因素的干扰与诱惑。

2019年9月，中央"黄河流域生态保护和高质量发展"座谈会阐明了黄河流域生态保护和高质量发展是国家的重大战略决策，更是沿黄流域及城市

发展的重大契机，同时提出了探索如何进行保护与发展的任务要求。本书以
生态保护和高质量发展为背景，以文旅融合为视角，以沿黄中心城市和城市
群高质量发展为切入点，以已有研究为基础，尝试提出黄河流域生态保护和
高质量发展的具体策略。

第一，黄河流域九省尽快构建完整、统一的黄河文化基因与遗传体系数
据库与信息平台。各省必须协调合作，联合进行黄河流域文化资源调查与平
台建设，在掌握第一手完整资料基础上开展后续工作。在确立黄河文化遗产
文化基因的价值与定位、完善前期准备工作基础上，按照文化基因及遗产、
文化基因及遗传家族、文化基因及遗传种群、文化基因及遗传系统四个步骤，
构建完整文化基因体系数据库及平台。构建时应保证：1. 信息的完整性和原
真性。2. 历史文化系统进化的连贯性。3. 确保文化基因的数量齐全。4. 确保
种类的多样性。5. 各种开发模式合理搭配，切忌一个方法用到底。

第二，统筹规划，整合开发，坚持整个黄河流域一盘棋策略。虽然沿黄
九省地理空间毗邻相连，资源存在互补性、客源趋同等，在客观上把黄河流
域聚合成一个整体，但由于行政区域划分、历史文化等原因黄河文化旅游资
源被人为分割，降低了资源的利用率、价值和吸引力，因此必须进行全流域
的资源整合。整合内容包括：1. 政府之间的整合。政府是推进区域一体化的
重要主体、基础和保障，没有政府的强力协调，全面有效的区域一体化难以
实现。2. 旅游企业之间的整合。3. 社会组织之间的整合。4. 旅游空间整合。5. 文
化旅游产品整合。6. 市场营销整合。

第三，充分发挥沿黄中心城市与城市群对黄河流域高质量发展的引领与
辐射作用。中心城市与城市群的产生与崛起是工业化、城市化、社会现代化
发展到较高阶段的必然趋势。黄河流域虽然广阔，但重要的文化旅游资源，
无论是过去还是当下，主要都集中在重要的城市附近，因而集中、高效地保
护与开发以银川、西安、洛阳、郑州、开封、济南和青岛为中心城市与城市
群的文化遗产等旅游资源，对于带动辐射黄河全流域的开发与发展至关重要。
要制定和落实好城市群文旅产业发展的引导规划与建设。

第四，运用创意设计与高科技激活黄河文化的活力，激发文化产业和文
化旅游的内生力和独特吸引力。现在传统旅游产品与旅游形式已无法满足大

众特别是青年人对文化旅游创造性开发的期待。黄河历史文化资源对游客而言是重要的吸引物和依托物。必须将现代元素与现代科技融入黄河文化资源的开发中，真正做到"传统资源，现代产品；传统文化，现代解读"。仿古融今，推陈出新，活化资源，准确定位旅游形象，品牌化经营，为现代旅游者提供强体验力与感染力的旅游产品。

第五，增强政策与法律法规的支持力度，为黄河流域高质量发展保驾护航。黄河流域高质量发展是一个系统工程，没有完善的政策与法律体系作保障是不现实的。因此中央或省级政府应制定科学合理的整体发展规划，建立相应的财政金融、人才培养、市场监管等机制。将黄河流域文化资源的开发保护、产业发展等作为立法内容，尽快颁布相关的法律法规，做到有法可依。出台相关政策推动黄河文化产业与科技、旅游、金融等产业的融合。另外，加大宣传力度，加快与外围区域的融合，逐步建立区域性大旅游的发展格局。

第二章　黄河流域概况

第一节　黄河流域地理环境

流域在地理学上是指由分水线所包围的河流集水区。流域"作为以河流为中心的人—地—水相互作用的复合系统，是受人类活动影响最为深刻的地理单元"[①]。黄河流域是指黄河水系从源头到入海所影响的地理生态区域。该流域从最西段的青藏高原到最东段的渤海入海口，横跨青藏高原、内蒙古高原、黄土高原以及黄淮海平原四个地貌单元，期间流经的省份包括青海省、四川省、甘肃省、宁夏回族自治区、内蒙古自治区、陕西省、山西省、河南省以及山东省共9个省（自治区），最终在山东省东营市垦利黄河三角洲地区注入渤海。在人地关系中，流域作为一个自然区域，具有一定的特殊性。"流域可以从水源、土地、动力、动植物资源、矿产资源等，以及军事防御、文化独立性等不同层面满足人类的诸种需求，由之也就成为从远古一直到今天人类最为聚集、活动最为频繁的自然区域。"[②]黄河流域作为一个与中华民族命运息息相关的区域，在地理环境、资源与风貌等方面具有独特性。

黄河流域是中华文明及中华民族最重要的发源地，在中华民族历史中占有十分重要的地位。水是万物之源，中国人称黄河为"母亲河"。从地理上来说，黄河是位于中国北方地区的大河，不仅是中国长度仅次于长江的第二长河，而且也是世界长河之一。黄河流域自西界的巴颜喀拉山开始，向北抵达

---

① 王尚义、张慧芝：《历史流域学论纲》，科学出版社，2014，第1页。

② 王尚义、张慧芝：《历史流域学论纲》，科学出版社，2014，第9页。

阴山山脉，向南到达秦岭一带，向东最终流经山东注入渤海。整体而言，黄河流域地势西高东低，而且高低相差巨大。地理学家按照地势高低将中国大体分为自西而东、由高及低三个阶梯地段。最高阶梯地段是号称世界屋脊的青藏高原。青藏高原不仅是中国最大而且是世界海拔最高的高原，被称为亚洲内陆的高原，素有世界"第三极""世界屋脊"之称。青藏高原最南边起自喜马拉雅山脉南缘，向北到达昆仑山、阿尔金山和祁连山北缘，西部为帕米尔高原和喀喇昆仑山脉，东边以及东北部则与陕西南部秦岭山脉西段和黄土高原相接，介于北纬26°00′~39°47′，东经73°19′~104°47′之间。青藏高原由北向南横跨祁连—柴达木地区、昆仑山山脉、巴颜喀拉、冈底斯、喜马拉雅山脉、羌塘—昌都6个地质构造带。六个地质构造带之间由蛇绿混杂岩所代表的缝合带隔开，大致以龙木错—金沙江缝合带为界。由青藏高原向东，地势呈阶梯状骤降，依次递降到第二、第三两级阶梯。地理学上第二阶梯的东界位于中国北方的太行山、崤山、熊耳山一带。由此带向东便是被称为黄河下游冲积平原的第三阶梯。

黄河源头位于青海腹地巴颜喀拉山北麓的约古宗列盆地。黄河源头之一为扎曲，其他两个为约古宗列曲与卡日曲。扎曲一年之中大部分时间特别是干旱期基本处于干涸状态。卡日曲是三曲之中最长的一曲，流域面积也最大，它以五个泉眼开始，即使是在旱季卡日曲也不干涸，是黄河的正源。约古宗列曲，仅有一个泉眼，是一个东西长40千米、南北宽约60千米的椭圆形盆地，内有100多个小水泊，似繁星点点，又似晶莹的粒粒珍珠。

因为黄河对于中华民族的生存与发展十分重要，所以人们对于黄河源头到底在何处自然十分重视，自古迄今人们对黄河源头的探索从未停止。由于受到认知水平、生产力发展水平等诸多因素的制约，古人对黄河源头的探索只是停留在臆测阶段，谈不上认识黄河的源头问题。早在尧舜时期黄河就是一条有名的河流。中国著名古籍文献《尚书·禹贡》中就曾有过夏禹"导河积石，至于龙门"的记载。认为黄河源头在积石山。这里所指的"积石"位于现在的青海省循化撒拉族自治县附近，距离河源还比较远。这是我国历史上关于黄河的最早记载。《水经注》是北魏晚期的郦道元撰写的古代中国地理名著，全书共四十卷。《水经注》名义上是为《水经》之注，而实际上则以

《水经》为纲要，详细记载、描绘了中国一千多条大小河流的地形地貌，以及有关的历史遗迹、神话传说、人物掌故等相关人文知识，是中国古代最全面、最系统，也是最权威的综合性地理图书。《水经注》用绚烂的文笔记录了许多碑刻墨迹和渔歌民谣，具有较高的文学价值与可读性。从河流的发源到入海，包括干流、支流、河谷宽度、河床深度、水量和水位季节变化、含沙量、冰期等都有较为清晰的记载。而且他也广泛搜罗并详细记载沿河所经的伏流、瀑布、急流、滩濑、湖泊等信息资料。《水经注》所记大小河流有1252条之多。《水经注》自卷一至卷五都记载黄河，可见在古代黄河的重要性。《水经注》卷一开首曰："昆仑墟在西北，去嵩高五万里，地之中也。其高万一千里。河水出其东北陬，屈从其东南流，入渤海。又出海外，南至积石山下，有石门。"[①] 这是当时人们对黄河的总体认识。《山海经》中认为黄河源头在昆仑山，显然古人的这些观点与黄河源头的真实所在有较大的出入。春秋战国时期秦国边界逐渐扩展到黄河上游地区的黄河支流洮水并与羌人有了较多交往后，对黄河发源地有了更多认识，但仍然有许多误解。西汉时期张骞出使西域是中外交通史上具有划时代意义的重要历史事件，张骞在带回大量西域信息时，错误地向朝廷提供了地理状况。塔里木河流域的人们认为塔里木河在沙漠中潜流到地下，直至积石山才重新涌出地面，然后汇聚而成黄河。由此可见古代人对黄河源头的认识是不全面的。随着时代推移，人们越来越清晰、准确地认清黄河的源头。

　　中国人比较明确地认识黄河源头的位置是在唐朝以后。历史上自唐朝起，中原汉族人开始与边疆少数民族之间的联系逐渐加强，同时与居住在青藏高原上的吐蕃之间的往来也日益频繁，在频繁交往中人们逐渐获得黄河源头较为准确的信息，而黄河源头是古代通往西藏高原的交通要道。李靖、侯君集、李道宗等唐代大将在贞观年间曾"次星宿川，达柏海上，望积石山，览观河源"。"贞观十五年，文成公主嫁往西藏，吐蕃王松赞干布在河源亲迎。"公元821年唐使刘元鼎出使吐蕃，曾专门考察过黄河源。至此人们对黄河源头已有比较多的认识。元朝专使公元1280年奉命查勘河源，留有"朵甘思西部""有

---

① 郦道元:《水经注》上册，史念林等译，华夏出版社，2006，第1页。

泉百余泓，或泉或潦，水沮如散涣，方可七八十里，且泥淖溺，不胜人迹，弗可逼视，履高山下瞰，灿若列星"的记载，认定星宿海为黄河源头。黄河中下游在清代年间洪水多次泛滥，灾害频繁，清朝曾先后派专使拉锡和阿弥达到黄河源头，穷河源，告祭河神。拉锡从星宿海往上走了两天，发现星宿海之上有三山，三山之泉流出三支河，三河东流入扎陵湖，对黄河源头的认识又进了一步。清乾隆四十七年（1782年），阿弥达奉命前往河源，告祭河神。阿弥达西逾星宿海15千米，对三条河进行了实地勘查，历史上第一次查明黄河的真正源头，认定位于星宿海西南的阿勒斯坦郭勒河（即今卡日曲）为黄河上源。

　　为了彻底治理黄河，改造黄河并造福人民，中华人民共和国成立后，党和政府花费大量人力物力对黄河进行比较全面的勘查。1978年，国家再次组织有关单位进行更为翔实的调查，再一次肯定卡日曲为黄河正源。卡日曲之名称来自藏语，其本意是红铜色的小河。卡日曲位于巴颜喀拉山北麓各姿各雅山（海拔4830米）下。山脚下散布的几个泉眼溢出的清水成为"咆哮万里触龙门"的黄河最初的源头。最初河道只是一条宽约1米、深不及1米的潺潺溪流，源头则是5条从山坡切沟流出的小溪流。溪流从狭长但平坦的卡日曲河谷由西南向东北而流。河水所流之途汇集大大小小的众多支流而逐步形成一条深1米多、宽约10米多的小河。河水穿过100多千米的峡谷，在巴颜禾欠山与约古宗列会合，注入玛曲河。在卡日曲的和古宗列曲汇合处附近，技术人员测得卡日曲流量为6.3立方米/秒，约古宗列曲流量则为2.5立方米/秒。显然卡日曲是干流，而约古宗列曲是支流。根据这些数据，1978年的黄河源头考察队认定卡日曲为黄河正源。根据历史传统、科学数据、专家意见，1985年黄河委员会最终确认玛曲为黄河的正源。正源确立后，相关部门树立了河源标志，具体位置为东经95°59′24″，北纬35°01′18″处的约古宗列盆地西南隅的玛曲曲果。我国政府及地质界对黄河源头的探索并没有就此结束，由于卡日曲比约古宗列曲长36.54千米，流量比约古宗列曲多2倍，2008年三江源头科学考察队考察后认为，在考虑流域面积、河流发育期、历史习惯等因素的基础上，按照国际上河流正源确定的"河源唯长、流量唯大、与主流方向一致"三个标准，考察队建议在科考成果通过评审后，再经过法定程序审核批准，将黄河源头定位于卡日曲[1]。

黄河全长约5464千米，自西向东分别流经青海省、四川省、甘肃省、宁夏回族自治区、内蒙古自治区、陕西省、山西省、河南省及山东省9个省（自治区），最终经黄河三角洲流入渤海。地理学家之所以将黄河干流河道可分为上游、中游、下游和11个河段，是根据流域形成发育的地理、地质条件及水文特性得出的。上游河段从黄河源头直到内蒙古托克托县河口镇，全长3400多千米；流域面积42.8万平方千米，约占黄河全部流域面积的53.8%。上游河段又可以细分为三个次级河段。其中龙羊峡以上为一个河段，龙羊峡至青铜峡为一个河段，青铜峡至河口镇为一个河段。三个河段具有不同的地理特征。上河段在青藏高原，天寒地冻，水分蒸发较少，水流量较小。中河段遍布山川与河谷，地形复杂多变，水流时而湍急，时而和缓。下河段河床平缓，是著名的银川平原和河套平原地区。

黄河自河口镇至河南郑州市桃花峪被称为中游。黄河中游落差890米，平均比降7.4‰。中游河段长度为1206.4千米；流域面积为34.4万平方千米，占全流域面积的43.3%。黄河从河口镇到龙门所在的禹门口水流湍急，飞流直下725千米。黄河穿行于险峻的峡谷之间。峡谷两岸是广阔的黄土高原。黄土高原土质十分疏松，植被匮乏，一旦下雨，大量地表黄土被雨水冲走，导致水土流失严重。这也成为黄河含沙量大的重要原因，也是千百年来黄河水患难以治愈的重要原因。中游有黄河干流唯一的瀑布——壶口瀑布。

壶口瀑布是陕西和山西两省共有的旅游景区，也是黄河上最著名的景点，每年吸引大批中外游客参观。它位于陕西省延安市宜川县壶口乡与山西省临汾市吉县壶口镇之间。壶口瀑布是世界上最大的黄色瀑布，也是黄果树瀑布之后的中国第二大瀑布。之所以称之为壶口瀑布，是因为黄河奔流至此两岸石壁峭立的地方，河口逐渐收缩犹如壶口，因而名其曰"壶口瀑布"。"壶口"之名，最早见于战国时代《尚书·禹贡》，其中有"既载壶口，治梁及歧""壶口、雷首，至于太岳"之句，都与大禹治水的路线与策略有关。《元和郡县志》也叙述壶口，把它称为石槽。县志云："河中有山，凿中如槽，束流悬注七十

---

① 张贺全、逯庆章：《三江源自然保护区和试验区关系研究》《人民论坛》2012年第8期。

余尺。"在雨季或汛期，瀑布上游的黄河水面宽达到300米，而在不到500米长距离内被急速压缩到20米~30米宽度。巨大的水流（1000立方米/每秒）通过狭小的河床，浩浩荡荡从20多米高的陡崖上倾注而泻，形成"千里黄河一壶收"的壮观盛景。由于地理位置的特殊性，古代经济与军事活动的较多，当时人们将许多重大活动刻文于壶口一带的石头上，现在保存下来的主要石刻有东龙王辿碑刻，包括牛马王庙重修乐楼、山门碑、修复捻军东渡时烧毁庙宇碑、清军抵御捻军强渡黄河的战斗中阵亡将士纪念碑、孟门石刻等。黄河流出禹门口之后进入汾河与渭河两河的河谷地段，水流逐渐趋于平缓，河面骤然开阔。黄河至陕西潼关后进入中条山与崤山之间的丘陵峡谷地段，著名的三门峡就位于这一河段。

从桃花峪直到黄河三角洲河口是黄河的下游河段，横贯华北平原。黄河下游河道长785.6千米，流域面积2.3万平方千米，落差仅有94米。由于黄河含沙量高，长年累月大量泥沙不断淤积最终导致河床越来越高，在许多地段河床甚至高出地面3米~5米，成为著名的"地上悬河"，这也是黄河水灾频发的重要原因。

山东利津以下是黄河的河口段。黄河河口位于渤海湾与莱州湾之间，成三角形形态。由于濒临海区潮差一般1米左右，海洋动力较弱，每年由于黄河将大量泥沙输送到河口地区，没有海水的大力冲刷，大部分泥沙被淤在滨海地带，塑造了黄河三角洲。河口段河道长度、宽度及走向也不断变化，历史上山东利津地区以下河道曾经由于河水泛滥而多次改道。如今滨州市与东营市都属于黄河三角洲地区。黄河频繁的河道变化与其他水系如长江入海口、珠江入海口形成了鲜明对比。

一、黄河支流水系

流域内所有河流、湖泊等各种水体组成的水网系统被称为水系。水系中水流最终流入海洋的称作外流水系，如北冰洋水系、太平洋水系；水流最终流入内陆湖泊或消失于荒漠之中的，称作内流水系。从形状来看，水系分成树枝状水系、扇形水系、羽状水系、平行状水系、格子状水系五个类型。中国境内"七大水系"均为河流构成，为"江河水系"，均属太平洋水系。从北到南依次是松花江水系、辽河水系、海河水系、黄河水系、淮河水系、长江水系以及珠江水系。流域面积是根据地形图首先勾出流域分水线，以此分水线为界计算出分水线内的面积。河流的流域面积可以根据需要计算到河流的任一河段，如水库坝址或任一支流的汇合口处、水文站控制断面等。

由于黄河的终点是渤海湾，因而它属于外流水系太平洋水系。黄河干流自西向东地貌复杂，中间有许多弯曲地段，因而其河道实际流程为河源至河口直线距离的2.64倍，素有"九曲黄河"之称。这里的"九"只是一个概括性的说法。"黄河上存在的大小湾可谓不计其数，但角度在45度以上的大湾则只有六个，这六个湾构成了黄河上小有名气的'黄河六大湾'：唐克湾、唐乃亥湾、兰州湾、河套湾、潼关湾与兰考湾。"[1]黄河水系是一个庞大、复杂而又十分发达的水系。按地貌特征，黄河流域自西向东可分为山地、山前和平原三种类型。流域面积大于100平方千米的支流共220条，流域面积小于100平方千米的小河不计其数，它们共同组成庞大的黄河水系。庞大的黄河水系包括许多支流，主要是白河、黑河、湟水、祖厉河、清水河、大黑河、窟野河、无定河、汾河、渭河、洛河、沁河、金堤河、大汶河等支流水系。其中许多河流如渭河、洛河、汾河、大汶河不但流域范围广大，而且在中华民族的发展史上都占有十分重要的地位。西起鸟鼠山、东至潼关、北起白于山、南抵秦岭的渭河位于黄河腹地大"几"字形基底部位。洛河发源于陕西省华山南麓蓝田县境，至河南省巩义市境汇入黄河。在古代，渭河、洛河流域是中华民族文化重要的发祥地，许多重要历史人物、重大历史事件都发生在这两条河流流域。

湖泊是指湖盆及其承纳的水体。湖盆是地表相对封闭可蓄水的天然洼池。湖水是全球水资源的重要组成部分。湖泊蓄水量约为全球淡水储量的0.26%。一旦形成湖泊就受到外部自然因素和内部各种过程的持续作用而不断演变。湖水的主要来源包括天然降水、地面径流、地下水以及冰雪融水。地质学上湖泊按成因可分为构造湖、火山口湖、河成湖、风成湖、冰川湖、堰塞湖、喀斯特湖、海成湖和人工湖（水库）等。湖水的消耗主要是蒸发、渗漏、排

---

[1] 《中华文明史话》编委会：《中华文明史话——黄河史话》，中国大百科全书出版社，2008，第18页。

泄和开发利用。黄河从某种角度而言是由许多个湖盆水系逐渐演变而成的。由于地质、气候等的变化，到目前为止黄河流域残留下来只有河源区的扎陵湖、鄂陵湖和下游的东平湖三个较大的湖泊。扎陵湖和鄂陵湖是国内海拔较高的淡水湖。扎陵湖和鄂陵湖位于黄河源头的玛多县境内，是黄河源头两个最大的高原淡水湖泊，素有"黄河源头姊妹湖"之称。扎陵湖和鄂陵湖地势高寒、潮湿，地域辽阔，牧草丰美，自然景观奇妙，是难得的旅游观光胜地。目前这一地区已成为青海省重要的牧业基地和渔业生产基地。东平湖是现在山东境内较大的湖泊，古时称蓼儿洼、大野泽、巨野泽、梁山泊、安山湖等，到清朝咸丰年间才定名称为东平湖并沿用至今。东平湖地处山东省梁山、东平和平阴三县交界处，东依群山，北临黄河，东有大汶河来汇，西有京杭运河傍湖直接入黄。东平湖是黄河下游仅有的一个天然湖泊。经过治理后，现在东平湖成为控制山东黄河安澜入海的大型水库。

二、黄河流域气候

由于黄河流域幅员辽阔，地形地貌复杂多变，上中下各区域各区地貌差异大，又由于流域处于中纬度地带，从南到北属湿润、半湿润、半干旱和干旱气候。受大气环流和季风环流影响的情况比较复杂，流域内冬长夏短，冬季与夏季温差悬殊，四季气温变化分明。流域内不同地区气候的差异显著。流域气候有以下主要特征。一是光照较充足，太阳辐射较强。与南方的长江流域、珠江流域相比，黄河流域的日照条件在全国范围内属于比较充足的区域。黄河上游由于地处青藏高原，黄河上游地区属于强辐射区。二是季节气温差别大、温差悬殊。由于地处高海拔地区，黄河河源地区的平均气温较低。中下游流域属于冬冷夏热、四季气温分明的地区。温差悬殊是黄河流域气候的一大特征。最低与最高气温纪录分别为 –53.0℃与44.2℃。三是降水较少。黄河流域降雨时段大多集中在夏秋7、8月份，其他份降雨量较少。流域大部分地区年降水量在200毫米~650毫米之间。黄河流域存在降水量分布不均的现象。例如，黄河内蒙古河段与陕西渭河流域的降水量相差非常巨大。黄河流域南北降雨量之比大于5，远远超过中国其他河流流域的地区降雨量差别。四是空气湿度小、地表蒸发量大。黄河中上游是国内湿度偏小的地区。由于光照足等原因，黄河流域蒸发力较强，年蒸发量达1100毫米，最大年蒸发量超过2500毫米的地区也不少见。五是冰雹多，沙暴、扬沙多。沙暴和扬沙主要由大风吹拂地表沙土而起。黄河流域区域内有腾格里沙漠、乌兰布和沙漠和毛乌素沙漠，每年春天沙尘暴、扬沙天气频发。由于气候对流剧烈的原因，冰雹成为黄河流域主要灾害性天气之一。六是无霜期短。黄河流域大部分地处中国北方，总体而言无霜期较短。即使黄河下游平原地区海拔低，相对而言气温较高，但无霜日也只有200天左右。

三、黄河水文特征

径流是水循环的主要环节。径流量是陆地上最重要的水文要素之一，是指在某一时段内通过河流某一过水断面的水量。它是水量平衡的基本要素。黄河虽然从长度与流域面积而言是中国第二大河，但整个流域处于相对干旱地带，其天然年径流量仅占全国河川径流量的2.1%，小于长江、珠江、松花江径流量，居全国七大江河的第四位。从黄河水利委会设计院1919年7月至1980年6月61年系列进行实测的数据来看，三门峡站实测年径流量为417.2亿立方米，而花园口站年径流量为466.4亿立方米，年径流量与长江、珠江相比显著偏小。黄河流域水资源的地区分布非常不均匀，从流域年径流量等值线可以看出由南向北呈递减趋势。

洪水是一种自然灾害。它是由暴雨、急剧融冰化雪、风暴潮等自然因素引起的江河湖泊水量迅速增加，或者水位迅猛上涨的一种自然现象。黄河自古以来就是一条洪水频发的河流。黄河上游的洪水主要来自兰州以上河段，并且多发生在夏秋之交的9月。由于降雨历时长，一次洪水历时平均为40天。由于强度小，加之兰州以上植被相对较好，草地、沼泽以及低洼地带等对降雨起着较强的滞蓄作用，因而黄河上游的洪水涨落较为平缓，洪峰也较低。黄河河水挟带泥沙量特别多，平均每年输入黄河下游的泥沙达16亿吨，居世界首位。水量的60%和泥沙的80%集中在每年的汛期。黄河含沙量太大，据统计年平均含沙量37.8公斤/立方米，含沙量大、水流缓慢，泥沙淤积现象突出，增加了水灾防治与水资源开发利用的难度。

凌汛俗称冰排，是冰凌对水流产生阻力而引起的江河水位明显上涨的水文现象。冰凌有时可以聚集成冰塞或冰坝，造成水位大幅度地抬高，最终漫滩或决堤，称为凌洪。由于受到西北风寒流的影响，黄河流域上游地区冬季气候干燥寒冷，最低气温常在零度以下。黄河许多河段特别是中上游河段在冬季结冰封河的日期比较长。当来年春天气温回升之后，冰层逐渐融化，冰块随水流向下游流淌。例如，从宁夏回族自治区石嘴山到内蒙古自治区河口镇和下游花园口至黄河入海口两个河段，冰块与河水一起向下流动，由于地形或水流的影响，冰块与河水在某些地方流动不畅，如在急湾、卡口等狭窄河段常出现这种情况。由于排泄不十分流畅，冰块容易结成冰坝、冰塞，大量冰块逐渐堆积而堵塞河道，黄河上游水位自然急剧升高，形成堰塞湖，严重威胁堤防安全，甚至决口，此时往往形成冰凌洪水，这种现象被称为凌汛。

第二节　黄河流变史

"巨灵咆哮劈两山，洪波喷流射东海。"滔滔不绝、汹涌滂沱的黄河是中华民族的母亲河，它悠久的历史、频繁变迁的河道见证了两岸人民的悲欢离合，黄河流变史成为炎黄子孙追寻祖先奋斗历程、铭记民族精神的载体。中华民族的历史与黄河流变史紧紧交织在一起，共同奏响民族与母亲河的合奏。

沧海变桑田是自然界的一种现象，根由是地球的地质运动，持续不断的地质运动改变着地球的地貌，而黄河就是地质运动的产物。根据地球物理学的理论，在地球岩石圈的不停运动之中，在大约17亿年前华北地台逐渐隆起，并持续抬升，最终形成中国范围内面积最大、时间最早的一块古老大陆。这块古大陆经历了两次下沉并受到海水的浸泡。至距今2.85亿到2.3亿年前的二叠纪时期华北地台再次抬升，重新露出海平面。在侏罗纪与白垩纪之间燕山逐步形成，新生代时期喜马拉雅山脉从海底隆起并形成青藏高原。在青海高原巴颜喀拉山北麓有流水流向当时正在下沉的草原形成古若尔盖湖。古黄河就是在这些独立的水系基础上，逐步演变而成的。"在地质年代第四纪早期冰川融化，气候变得温暖湿润，降水量充沛。古黄河终于穿过三门峡流入华北平原，并与中条山东侧的流水连接起来，在地球引力作用下浩浩荡荡向东奔流直至大海"[1]，我们目前所见的黄河雏形赫然诞生。

中国历史上有关黄河洪水的最早记载是在尧帝时期。《史记·夏本纪》："当帝尧之时洪水滔天，浩浩怀山襄陵，下民其忧。"商末帝辛昏庸无道，周武王率兵征伐，自孟津渡河，是黄河现于军事之始。春秋时期卫之遣民宵济河庐于南岸曹地，宋都派兵在曹设戍，是黄河现于《左氏传》之始[2]。春秋时期的三次南北大战都发生在黄河南岸河南省地区。由此可见黄河流域在春秋时期成为中国最活跃的地区。公元前651年齐桓公会诸侯于葵丘，有"勿曲防之盟文"。曲防是沿黄河之迂回曲折而筑防，大水时至，逼之使趋对岸，以保护筑防的一侧。公元前602年河徙。黄河这段历史出现在《周谱》（马总《意林》卷三引汉朝桓谭《新论》："周谱言定王五年，河徙故道。"），记载于《汉书·沟洫志》。王横认为黄河在西汉时期已经不是禹河的故道，他认为秦国攻打魏国国都时开掘黄河河堤，用黄河水冲灌城池，因为决口处很大，不可修补，以此证明黄河多次徙道，已经不是原来的河道。有人认为周定王五年黄河第一次改道，也有人认为是决口改道。由于春秋战国时代"黄河两岸各国互有战争，互相争夺，堤防留有很长的缺口，河水猛涨，迁徙是常有之情况"[3]。

秦始皇在公元前215年决通川防，化零为整，使黄河第一次固定河道，约束于两堤之间，入海口在章武县（现在的河北省大城县）。但是历史上黄河决口改道的现象较为普遍。河流决口后放弃原来河床而另循新道称为改道。黄河以"善淤、善决、善徙"而著称，有"三年两决口，百年一改道"之说。黄河由于多沙善淤，变迁无常，改道十分频繁，在公元前602年至1938年间，黄河下游决口1590次，大的改道26次。改道最北的是经海河，出大沽口；最南的是经淮河，入长江。中游的宁夏银川平原、内蒙古河套平原一带的黄河河道都曾多次变迁，但影响最大的是黄河下游河道改道。黄河上游由于地理条件制约以及史料记载的匮乏，还没有大的改道记载。

---

①　陈梧桐、陈名杰：《黄河传》，河北大学出版社，2009，第5页。
②　杜省吾：《黄河历史述实》，黄河水利出版社，2008，第6页。
③　杜省吾：《黄河历史述实》，黄河水利出版社，2008，第8页。

黄河改道的根本原因是黄河所流经的中下游地区是平原，两岸多是疏松的泥土，没有坚硬的岸堤阻挡水流长年累月的冲刷，水流落差小，水流平面几乎与岸边持平，黄河长度长，难以全面全天候守护。同时由于古代的生产力水平低下，没有机械化工具应用，单单靠人力来防洪效率有限，一旦有全流域性的暴雨，洪水非常容易冲毁岸堤，在引力作用下四处满溢而最后改道。正如前面所述黄河发生有记载的第一次大改道发生在周定王五年（公元前602年），洪水从现在淇河、卫河合流处的宿胥口夺河而走，最终到达现在的河北沧县东北后流入渤海湾。

黄河另一次较大的改道发生于公元前132年，黄河于河南省濮阳市西南瓠子决口后向南摆动而行。洪水经过巨野沼泽地带后由泗水河道进入淮河河道。黄河与淮河汇流后由于泥沙淤积，23年后堵塞，黄河河水又决堤向南分流为屯氏河，六七十年后复又回归故道。

黄河在公元11年（王莽始建国三年）在河北省临漳县西附近决口，决堤之水向东南冲进漯川故道后经过现在的河南南乐，山东朝城、阳谷、聊城等地后至禹城，再经过山东部分地区，最后到山东利津县一带进入渤海。大司马史长安张戎对于黄河河患曾言：水性就下，疾行则自刮除成空额稍深。河水重浊，号为一石水额六斗泥。此后接近1000年的时间，黄河没有大的改道。黄河安流千年之原因，可以用刘庄的一句名言来概括：恢复"禹之行水也行其所无事也"之理论。[①] 有学者认为天气变化也是一个原因：大气环流的变化使北方没有特大全流域的暴雨也成就了黄河近千年的安流。

北宋初期黄河灾情再次发生变化，黄河不断决口。公元1048年黄河冲决澶州商胡埽后经过聊城西，在河北青县境内与卫河汇合，然后进入渤海湾。为抵御北方金兵南下，南宋时期在滑州人为决开黄河堤防，黄河由此改道向东南分由泗水和济水入海。黄河在经过一段较长时间的相对稳定期之后，由于特大洪水以及河道长时间的淤积，面临再次改道及泛滥的境况已经成为一种必然。在鸦片战争之后的1841年、1842年、1843年、1851年黄河接连发生了4次大的溃决。1843年洪水被认为有历史调查以来的最大洪水，黄河流

---

①　杜省吾：《黄河历史述实》，黄河水利出版社，2008，第29页。

域再次进入危险期。黄河由于下游河道淤垫等原因已经到了改道的前夜。自古以来黄河改道与决堤有两种方式，一种是自然因素导致的改道与决堤，另一种原因是人为因素导致的改道与决堤。人为原因主要是为保护重要城市及战争需要而进行的人工改道及决堤。黄河改道北流的呼声自清代以来不绝于耳。魏源在1842年建议用人工的方式使黄河改道北流："由今之河，无变今之道，虽神禹不能为功。""使南河尚有一线之可治，十余岁之不决，尚可迁延日月。今则无岁不溃，无药可治，人力纵不改，河亦必自改之。"[①]1855年8月1日（清咸丰五年六月十九日），在几日的风卷狂澜、浪拍危堤之后，黄河堤防突然溃决，一河狂涛由决口倾泻而出。据《封丘县志》及有关资料记载，北从现尹岗乡禅房工程一号坝垛往南，东至兰考东坝头，西至李庄镇前辛庄，南到黄河岸边，共计淹没30多个村庄。这是黄河距今最近的一次大改道。铜瓦厢以东数百里的黄河河道自此断流，原本穿苏北汇入黄海的大河迅即化为遗迹。决口后黄水先流向西北，后折转东北，夺山东大清河流入渤海。

　　黄河决口之后黄水向北边急流勇泻，殃及河南、山东、河北三省的许多地区。面对灾情，清政府没有立即组织大规模的施救而是采取"暂行缓堵"的放任态度，一时之间黄水浩瀚奔腾，水面横宽数十里甚至数百余里不等。这场灾难的广度和深度深深影响了受灾的平民百姓。直隶的开州（今河南濮阳）、长垣（今属河南）、东明（今属山东）等州县成为黄水泛滥的区域。"泛滥所至，一片汪洋。远近村落，半露树梢屋脊，即渐有涸出者，亦俱稀泥嫩滩，人马不能驻足。"[②]黄河水灾给百姓所造成的财产损失、生命损失巨大，特别在生产力发展水平不高的年代，百姓一旦遭遇洪灾，很多年都难以恢复到以前的生活状态，更有甚者不得不背井离乡，离开故土去别的地方谋生。黄河自1855年改道行水大清河之后，因原有河道深下，除了入海三角洲之处有改道现象之外，其他地方虽有满溢，只是汛期洪水之泛滥，汛期一过，洪水渐渐消退，重新返槽。圈堵多在堤外，因水行地中，河槽低于两岸，故不向河道内绕筑，用费亦止数万、数十万，至多一百余万。较之前东河、南河大

---

① 魏源:《魏源集》上册，北京中华书局，1976，第371页。

② 中国水利水电科学研究院水利史研究室编:《再续行水金鉴》第92卷，湖北人民出版社，2004，第2392页。

不相同。人员不如之前多，积弊亦不似前之甚，灾情亦轻，被淹面积较小。[1]

黄河中下游在清朝咸丰五年（1855年）以前主要流经河南、山东、安徽与江苏四省，最后通过江苏阜宁、滨海等地流入黄海。

黄河水患是中国的历史上绕不开的一个话题。可以说每个朝代对黄河都进行过治理与开发，每个朝代对黄河都非常重视，委派重要大臣办理黄河事务。

在历史上也有过以治理黄河留名的人物。其中最著名的人物就是大禹。在尧、舜、禹时代，黄河流域连续暴发特大洪水，许多人被推为治水领袖。然而由于这一时期中国处于从原始社会向奴隶社会过渡的父系氏族公社时期，生产资料匮乏，生产力水平低下，人口稀少，再加上没有治水经验，治水方法欠妥，因而很长一段时间人们深受黄河水灾之患而又无能为力。大禹在分析总结自己父亲治水失败的原因及考察了前人的得失之后带领伯益、弃等人和百姓一起跋山涉水，把黄河及其他水流的源头、上游、下游考察了一遍，并在重要地方堆积石头或砍伐树木作为记号，以便治水时参考。在历经十多年时间的艰苦治水工程后，大禹治水终于获得成功。大禹三过家门而不入的事迹成为千古传颂的佳话。

元顺帝执政期间，河患日益严重，人民流离失所。丞相脱脱召大臣研讨"治河方略"，并找来贾鲁一同治理。1351年，贾鲁被任命为工部尚书、总治河防使。贾鲁采用疏塞并举、先疏后塞的方案，按照先易后难、分阶段治理的原则，多次领导治理黄河，拯救民众于洪水之中。1351年贾鲁治理黄河工程开工，征调了15万名民夫，调集了2万名兵卒，历时7个月结束了持续七八年之久的黄河水患。贾鲁在黄河治理历史上作出了重大贡献，他同时采用疏导河道、清理河底淤泥、堵塞河流决口三种方法是成功的关键，也为后世治理黄河提供了宝贵经验。

李仪祉是著名水利学家和教育家，我国现代水利建设的先驱，历史治水名人。1922年李仪祉在《黄河之根本治法商榷》一文中提出了治理黄河的主张，他论述了以科学从事河工的必要性。李仪祉在分析了黄河为害的原因及中国

---

[1] 杜省吾：《黄河历史述实》，黄河水利出版社，2008，第314页。

历代治河方针后撰写了40余篇论文与报告，对治黄工作产生了深远影响。他提出的上中下游并重，防洪、航运、灌溉和水电兼顾的主张改变了几千年来单纯着眼于黄河下游的治水思想，把我国治理黄河的理论和方略向前推进了一大步。

新中国成立后为消除水患，搞好黄河的治理与开发，黄河水利委员会于1950年1月成立，直接管理黄河下游河南、山东两省的河防建设、防汛工作，以及河务部门管理工作。如今黄河流域已经几十年没有发生大的水患灾害，这条在中国几千年历史上曾经桀骜不驯的大河终于被驯服。从历史角度而言黄河流变史在某种程度上也是中华民族历史的部分缩影，了解黄河的变迁史、改道史、泛滥史对于了解中华文明史、黄河文化等有十分重要的意义。

第三节　黄河流域文明的诞生

黄河流域之所以能够成为中华民族的摇篮，并非是一种偶然现象，重要因素是黄河流域优越的自然生态环境。黄河水在引力作用下自高向低从源头向东方大海奔流，沿途接纳百川，汇聚千流，从涓涓细流变成一年径流量达到580亿立方米的滚滚洪流，其兼容并蓄的气度与宽广胸怀最终熔铸出博大精深、辉煌灿烂的中华文化。

黄河流域自古以来大部分处于地球温热带，一年四季分明，无论是冬季还是夏季，极端气候少见。暖温带的土地适合种植小麦等粮食作物，也适合枣、桃、梨等果树的生长。在远古时代黄河流域的平均气温明显高于现在，当时亚热带的北界在秦岭、淮河以北地区，可以想象在远古时代黄河流域植被茂密、降雨量充沛、气候温暖湿润，非常适合早期人类生存。我们可以侧面印证一下黄河流域古时候的气候条件。现在陕西北部、山西及内蒙古地区煤炭储存量远远高于其他地区，是中国目前最大的产煤地区，之所以煤炭资源丰富是因为远古时代这些地区曾经有茂密的森林。另外，在北方地区最近时有大象化石出土，大象的存在说明远古时代北方地区气候炎热，有丰富的植被，否则大象难以生存。

水是万物之源。人类生存离不开水，逐水而居是人类不变的生存法则。黄河流域植被茂盛、水源充沛、气候湿润、野生动植物充足，这些都是原始人类生存的基本条件。原始人类没有衣服，如果在寒冷地带无法御寒过冬。从最新考古发现，人类的起源可能在非洲，而非洲的气候就比较温暖湿润，由此也可以推测原始人类之所以在黄河流域能够生存就是因为这一地带适合早期人类的生存。

早在上古时期，人类文明出现之前，在古老的东方大地上绵延数千里的黄河就开始像母亲一样以甘甜的黄河水为乳汁默默哺育中华大地，见证了中华民族的产生与成长。西侯度人是我国最早的古人类之一。西侯度遗址是中国最早的古人类文化遗址之一，是早期猿人阶段文化遗存的典型代表之一。西侯度遗址位于山西省芮城县境内黄河东岸西侯度村，石器出土数量不多，主要是以石英岩为原料的石核、石片、砍斫器、刮削器等。出土的动物化石有山西轴鹿、粗面轴鹿、粗壮丽牛、中国野牛、晋南麋鹿、纳玛象等。在文化层中还出土有若干烧骨，这是目前中国最早的人类用火证据。石器和有切割痕迹的鹿角以及烧骨的发现，证明远在180万年前这里就有人类活动。西侯度文化不仅是黄河流域最早的文化代表，在国内其他地区和在世界上也是罕见的。西侯度文化属于古猿人文化，是人类文化的最初形态之一。

"蓝田人"即"蓝田猿人"，学名为"直立人蓝田亚种"。蓝田人大约生活在100万至50万年前。他们可以利用大尖状器、砍砸器、刮削器和石球等，以简单而粗糙的方法打制石器。通过研究发现蓝田人以捕猎野兽，采集果实、种子和块茎等为食物。蓝田人所生活的地区草木茂盛，气候温暖湿润，这为他们提供了相对好的生存环境。蓝田石制品包装砍斫器、刮削器、大尖状器和石球，以及一些石核和石片。

进入旧石器时代中期，"远古的黄河儿女已走完自己的童年即猿人阶段，进入发展中的新阶段即早期智人阶段"[①]。大荔人是中国西北地区旧石器时代的早期智人。在大荔人头骨化石出土地点发现了大量动物化石，包括野猪、野

---

① 陈梧桐、陈名杰：《黄河传》，河北大学出版社，2009，第57页。

牛、河狸、普氏羚羊、鼢鼠、古菱齿象、犀、马、肿骨鹿、斑鹿等哺乳动物化石，蚌、螺等软体动物化石，鸵鸟化石，鲤、鲶等鱼类化石。肿骨鹿是哺乳纲真兽亚纲的一种鹿，它是北京猿人洞中的代表性动物之一。肿骨鹿化石的存在表明大荔人的时代与北京猿人比较接近。由古菱齿象和马牙齿的形态可以大体推断其生存的年代在更新世中期和晚期之间。在黄河流域还发现了反映古智人文化的丁村人以及河套新人等旧石器中晚期智人文化遗存。1954年至1976年我国考古人员在山西省襄汾县汾河东岸丁村发现距今7万年至9万年文化遗存。1922年及1956年至1960年在内蒙古乌审旗大沟湾发现距今3万年左右晚期智人遗存，被称为河套新人文化遗存。

　　"文明的要素——金属、文字与城堡，最早在黄河流域出现与形成。黄河中下游地区形成了我国最早的文明的中心。"[①]世界上各文明既独立发展，又相互借鉴，各文明有益于人类的发明创造当然会不一样。比如，希腊罗马地区古代树木稀少，采用石料发展建筑工艺非常发达。而中国由于树木较多，所以建筑才用木料多，不易于保存但是木材资源丰富对造纸等技术有利。卡尔·西奥多·雅斯贝尔斯是德国存在主义哲学家、神学家、精神病学家。在1949年出版的《历史的起源与目标》中提出一个很著名的命题"轴心时代"。他认为在轴心时代，西方的古希腊、中东的以色列、东方中国和南亚次大陆印度的古代文化都不约而同地产生了所谓"终极关怀的觉醒"。人们开始逐渐告别蒙昧时代而用理智的方法、道德的方式来面对这个世界，思考人类自身及其未来命运，在轴心时代世界各地也产生了宗教。这些新思想、新思维方式及宗教的出现是对原始文化的超越和突破。雅斯贝尔斯认为这些超越和突破的不同类型决定了当代西方、印度、中国、伊斯兰不同的文化形态。雅斯贝尔定义古代文明四要素是文字、青铜器、城市、宗教礼仪。只有有了这四个元素中的一个或几个才说明文明的存在。文字是界定文明的重要标志。文字出现以后的历史称之为人类文明史。世界各国对上古文化进行大规模的考古挖掘，依据考古成果，人们发现文字出现的时间并不长，最多不超过6000年。文字是人类进入文明时代的标志。因为文字成为人类生产经验和自然知

---

①　郑贞富、李玲玲：《黄河流域的青铜文明》，科学出版社，2010，第6页。

识得到继承、积累和传播的载体，文字也为科学文化的发展准备了必要的条件。如果没有文字，现代科技文明无法想象。文字可以让人类文明继承与发展，所以文字的出现是人类进入文明时代的标志。雅斯贝尔斯文明四要素观点虽然没有得到学术界的绝对认同，但这一观点具有合理性。金属的出现的确从某种意义上而言说明社会已经发展到较高的水平。仰韶文化时期黄河流域出现了青铜器物，这成为黄河流域进入文明时代的佐证。

安特生（Johan Gunnar Andersson）是瑞典地质学家、考古学家。他被称为"仰韶文化之父"，因为是他揭开了周口店北京人遗址发掘的大幕。周口店北京人遗址的发掘及其重大发现改变了中国近代考古的面貌。安特生曾被评价为是一个成就卓著的学者、"了不起的学者"。1918年安特生前往河南调查古脊椎动物化石。刘长山作为安特生的助手以及地质调查所的采集员，1920年在洛阳西部收集石器。在渑池县仰韶村3天的考察中，刘长生不但采集到许多动物化石而且意外地发现了一个古文化遗址。仰韶文化遗存的发现成为中国考古史、文化史及民族史上的重要事件。虽然此前许多仰韶村农民已经在这个遗址上零星发现并收藏了许多石器，这也是吸引刘长山来此考察的重要原因。刘长山在询问石器的出处后自己亲自到实地进行调查。他来到村南的石器出土地点收集了部分器物，并对周围环境进行了调查。与此同时他搜集或购买在农民家里看到的史前石器，一共采集到600多件石斧、石刀等石器以及少量陶器。这些成为考证与研究仰韶文化的重要器物。

仰韶文化据考古学研究持续时间大约在公元前5000年至公元前3000年，是黄河中游地区新石器时代一种重要的彩陶文化。仰韶文化时期持续时长2000年左右，留下了大量彩陶器物。作为中国新石器时代最重要的考古发现与历史遗存，仰韶文化地位十分显赫，比其他几种新石器时代文化的影响也更为久远。从1921年渑池仰韶村遗址发现到2000年前后，统计的仰韶文化遗址有5013处之多，分布范围十分广阔。从东边的河南东部到西部甘肃、青海，从北边的河套内蒙古长城一线一直到南边的江汉地区，都是仰韶文化的地域。但仰韶文化的中心地区在河南西部、山西南部、陕北东部一带。仰韶文化分布省份包括陕西、河南、山西、甘肃、河北、内蒙古、湖北、青海、宁夏9个省区①。

仰韶文化遗存的发现在中国的考古学上占有重要地位，它成为中国考古史上第一个被正式命名的远古文化体系，标志着中国史前考古学及中国近代考古学的诞生。仰韶村遗址第一次宣告了中国蕴藏着丰富的新时代文化遗存。仰韶文化遗存的发现与发掘影响和意义深远。它的存在破除了"中国无石器时代"的谬论，证实了中国在文字、民族、阶级与国家产生之前就已经步入了较为发达的新石器时代。随后对于仰韶文化展开的广泛研究对于研究中华文明史具有重大意义。被发现仰韶文化遗址的数量越来越多，地下遗存出土的器物与资料越来越多，这从某种程度上验证了史书记载的正确性。例如，史书记载三皇五帝的传说以及有炎帝、黄帝、颛顼、帝喾等部族的传说，由于以前没有确凿的文字记载而只能作为一种传说存在，难以被国际及学术界接受而成为中国的信史。然而文化遗存的发现、器物的大量出土，为这些所谓的传说提供了某种佐证，证明它们并不是完全的杜撰，是有历史依据的。仰韶文化研究对于重建古史、探寻中华文明的源头意义重大，同时由于仰韶文化地域主要在黄河流域，因而对于研究黄河流域文明史也十分重要。研究仰韶文化也有助于夏商周断代工程的研究。由于仰韶文化对中华文明发展的早期影响巨大，因而研究仰韶文化对于研究中华民族起源或者研究中华民族早期的基本状况意义重大。仰韶文化虽然不能代替中华文明起源史，"却是中国国家起源史和中华民族起源史这座大厦中的一根擎梁柱"（苏秉琦语）。

仰韶文化时期农耕石器包括石斧、石铲、磨盘等，在出土文物中有骨制鱼钩、鱼叉、箭头等，说明渔猎是仰韶人觅食的方式之一。仰韶文化时期的农耕生产工具以磨制石器为主，有与生产生活活动紧密相关的刀、斧、锛、凿、箭头和纺织用的石纺轮等，骨器也相当精致。仰韶文化前期陶器多是手制，中期开始出现轮制。各种水器如盆、罐、瓮、鼎、碗、甑、灶、杯等日用陶器相对而言比较考究，以细泥红陶和夹砂红褐陶为主。颜色主要呈红色，制作手法多为手制法：用泥条盘成器形，然后将器壁拍平制造。仰韶文化之所以被称为彩陶文化，是因为红陶器上常有彩绘的几何形图案或动物形花纹，

---

① 渑池县地方史志编纂委员会：《渑池县志》，方志出版社，2000，第643—644页。

成为仰韶文化的最明显特征。仰韶文化内涵丰富,分布地域辽阔,不同时期、不同地区形成不同的文化类型。半坡类型是其中代表之一,代表作品有人面鱼纹彩陶盆、彩陶船形壶。庙底沟类型也是仰韶文化的代表之一,其风格挺秀饱满、轻盈而稳重,代表作品主要有各种盆,如彩陶花瓣纹盆、鱼鸟纹彩陶盆、彩陶鲵鱼纹瓶、漩涡纹曲腹盆、植物纹彩陶盆、勾叶纹彩陶盆以及鹳鱼石斧缸等。

马家窑文化也是黄河流域的早期文化形态。马家窑文化大约出现于距今5700多年的新石器时代晚期,前前后后历经了1000多年,包括石岭下、马家窑、半山、马厂四个类型。马家窑文化是齐家文化的源头之一。1923年马家窑文化最早发现于甘肃省临洮县的马家窑村。黄河上游地区及甘肃,青海境内的洮河、大夏河及湟水流域和凉州的谷水流域一带是其主要分布区域。马家窑文化是仰韶文化庙底沟类型向西发展的一种地方类型。文化形态具有传播性。马家窑文化形成后最先由渭河上游向洮河、大夏河和湟水流域发展,符合古人逐水而居的生活及迁徙特征。随后由渭河上游向南翻越西秦岭山地,经西汉水上游进入白龙江下游,向东则翻越陇山进入关中平原,再后进如黄河支流清水河流域,由湟水支流大通河下游等地至河西走廊东部,并沿河西走廊和白龙江流域内继续扩展。

马家窑文化的村落遗址,作为原始聚落一般位于黄河及其支流两岸的台地上,并且接近水源,土壤发育也相对较好,因为这是他们生存的基本条件。由此可以推断他们的生存方式与肥沃的土地相关。房屋的平面形状有方形、圆形和分间三大类。马家窑文化制陶业非常发达,以彩陶器为代表。彩色陶器的出现说明制陶业已经相当发达,颜料制作、调制也有相当水准。马家窑彩陶的器型丰富多彩,图案极富于变化和绚丽多彩。在继承了仰韶文化庙底沟类型爽朗风格基础上表现更为精细,形成了绚丽而又典雅的艺术风格,艺术成就达到了相当高的高度,同时也说明人们的审美观念发生了较大变化,这些都说明他们比仰韶文化有进一步的发展。马家窑文化彩陶的绘制中以黑色(同于墨)作为主要基调,绘画工具以毛笔为主,造型手段以线条为主,这些从某种意义上奠定了中国画发展的历史基础、审美意趣以及以线描为基本形式的特征。马家窑彩陶在世界彩陶发展史上占有重要地位,是人类远古彩陶艺术发展的代表。马家窑文化的高度发展代表了黄河流域当时文化的最高成绩，也是中华民族那个时代的最高成就。马家窑文化不仅包含着史前时期众多神秘的社会信息、文化信息，同时它创造了中国画最早的形式。马家窑文化存在与发展的流域与仰韶文化有一些重叠与交叉，仍然主要在黄河流域，说明在远古时期黄河流域适合早期人类的生存。黄河流域充沛的水源、肥沃广袤的土地以及温暖湿润的气候是人类早期文明在这里发祥的重要前提条件。

大汶口文化也属于黄河文化，分布于黄河下游一带，出现于新石器时代，分布地区东至黄海之滨、西至鲁西平原东部、北达渤海北岸、南到江苏淮北一带，基本处于汉族先民首领少昊氏的地区，因山东省泰安市岱岳区大汶口镇大汶口遗址而得名。大汶口文化是山东龙山文化的源头。通过考古发现大汶口文化的居民盛行枕骨人工变形（给婴儿睡平头）和青春期拔牙习俗，证明是流行于古代中国东方、南方拔牙习俗的发源地，由此也佐证了大汶口文化与其他文化的渊源关系。

根据大汶口文化遗址，特别是墓葬的发掘，研究人员对大汶口文化时期的社会进行了一些研究与推测：大汶口文化时期社会已经确立私有制，一夫一妻制得到巩固，处于母系氏族社会末期阶段。母系氏族社会是建立在母系血缘关系上的社会组织，存在着按性别和年龄区别的简单的不稳定分工。瑞士学者约翰·巴霍芬最早提出母系社会概念，他在《母权论》（1861年出版）中认为，在原始社会早期人们过着群居、无限制乱交的生活。人们只知道其母而不知其父，只有通过母亲来追认后裔，因而母亲在社会中起支配作用、女性占统治地位，这就是所谓的母权制时代。母系氏族社会时期中国境内的新人化石和文化遗存遍及各地，其主要代表有河套人、柳江人、峙峪人和山顶洞人等。"母系氏族社会的繁荣阶段，也正是黄河流域经济文化的大发展阶段。这时候，黄河诸多支流的岸边，散布着许许多多的农耕聚落，呈现出一片繁荣的景象。靠着内聚式的聚落组织和社会结构，远古的黄河儿女紧密团结在一起，共同劳动，共同消费，运用集体的力量同大自然展开顽强的斗争，才将黄河流域的经济文化推向了大发展的繁荣阶段。"①由于大汶口文化时期墓内随葬品数量相差悬殊，并已出现文字雏形，可以粗略判断这个时期应是奴隶社会的初级阶段。由大汶口墓葬材料可以推测这个时期应处于母系氏族社会向父系氏族社会过渡阶段。

龙山文化源自大汶口文化，为先民创造的远古文明，以黑陶为主要特征。许多考古学家认为华夏族（汉族前身）是在仰韶文化和龙山文化基础上孕育而成的。由此可见龙山文化对于中华民族及其文明的重要性。龙山文化分布于黄河中下游的河南、山东、山西、陕西等省。大部分龙山文化遗址分布在山东半岛，而河南、陕西、河北、辽东半岛、江苏等地区，也有类似遗址的发现，因为1928年的春天首次发现于山东省济南市历城县龙山镇（今属济南市章丘区）而得名。经过放射性碳素断代并校正，其年代大致为公元前2500年至公元前2000年（距今4000年前）。龙山文化是中国黄河中、下游地区约新石器时代晚期的一类文化遗存，属铜石并用时代文化。历史上夏、商、周的文化渊源，都与龙山文化有联系。龙山文化除陶器外，还有大量的石器、骨器和蚌器等。龙山文化时期人类以农业为主而兼营狩猎、打鱼、蓄养牲畜，已有骨卜的习惯，且可能已经出现了铜器。

仰韶文化和龙山文化都属于新石器文化，一般被认为是远古先民的文化遗存。由于仰韶文化与龙山文化存在于不同的时期，它们之间虽然有联系，但也存在诸多不同点：一是存在时间不同。仰韶文化是黄河中游地区一种重要的新石器时代彩陶文化，其持续时间大约在公元前5000年至公元前3000年，前后持续约2000年时间。龙山文化属于青铜与石器并用时代的文化，年代为公元前2500年至公元前2000年。二是分布范围不同。仰韶文化的辐射范围以黄河支流渭、汾、洛诸河汇集的关中豫西晋南为中心，最北到长城沿线及河套地区，向南达湖北省西北，向东至河南省东部一带，向西到达甘肃省与青海省接壤地带。龙山文化分布于黄河中下游的河南、山东、山西、陕西等省。三是仰韶文化与龙山文化陶器风格不同。仰韶文化是新石器时代彩陶文化，其彩陶的颜色与花样特征是以红地黑花或灰衣红彩居多，纹饰主要有

① 陈梧桐、陈名杰:《黄河传》，河北大学出版社，2009，第65页。

条带纹与三角纹。从出土的器物看，彩绘纹饰流行成组的平行短线，具有鲜明的地方特征。仰韶文化与龙山文化都分布在黄河流域，都是黄河流域文化的组成部分。研究它们之间的联系对于了解黄河流域文化发展脉络十分重要，但由于材料的匮乏，二者之间的联系还存在诸多空白点。

黄河流域除了上面所述仰韶文化、马家窑文化、大汶口文化、龙山文化等原始文化，裴李岗文化、大地湾文化、齐家文化等也是黄河流域著名的原始文化，它们共同构成了从新石器时代到阶级社会的一个完整的体系。裴李岗文化是分布于黄河中游的一种新石器时代文化，年代距今8500年至7000年，为新石器时代早期的文化，是中原地区发现地最早的新石器时代文化之一，因最早在河南新郑的裴李岗村发掘，由此得名。经过历史考古研究，裴李岗文化是仰韶文化的源头之一，也就是华夏文明的来源之一。分布范围以河南省的新郑地区为中心，向四周扩展，向东到达河南东部，向西到达河南西部，向南到达大别山一带，向北则到达太行山一带。裴李岗文化的重要遗址还包括临汝中山寨遗址、长葛石固遗址等。裴李岗遗址的发现填补了我国仰韶文化以前新石器时代早期的一段历史空白。裴李岗文化时期的社会是以原始农业、畜禽饲养业和手工业生产为主，以渔猎业为辅的原始氏族社会。

大地湾是我国目前发现的最早的新石器时代遗址，是距今8000年至4800年的史前遗址。对大地湾遗址的研究发现，它在原始建筑、艺术、农业起源、文字和宗教等多方面历史悠久、成果丰富，从某种程度上而言是中华文明火花的最初闪现。2006年发掘工作的最新发掘研究成果显示，大地湾遗址的人类活动历史由距今8000年推前至距今6万年，这远远超过了其他的文化遗存。大地湾遗址出土的陶器上发现的10多种刻画符号，虽然比较简单，但可以看出有类似水波纹状的意向，有的线条则有类似植物生长的样子，也有以直线和曲径相交的形纹，说明此时的人类具有了原始的形象意识。郭沫若从考古学角度推论说："彩陶上的那些刻画符号，可以肯定地说是中国文字的起源，或是中国原始文字的孑遗。"当然这些图案与线条还比较原始，与正式的文字还有相当的距离，只能说它们是文字与绘画艺术的最初萌芽。

齐家文化是以甘肃为中心的新石器时代晚期文化，并且已经进入铜石并用阶段，其名称来自其主要遗址甘肃广河县齐家坪遗址。齐家文化是分布在河西走廊地区的一支重要的早期青铜时代的文化。齐家文化的房屋多为半地穴式建筑，居室铺一层白灰面，既坚固美观，又防潮湿。齐家文化是寺洼文化和卡约文化的来源之一。

总结黄河流域史前文化，存在于黄河上游区域人类社会的文化包括：大地湾文化、仰韶文化、马家窑文化、齐家文化。存在于黄河中游区域的文化包括：南庄头遗址、磁山文化、裴李岗文化、老官台文化、贾湖文化、仰韶文化、庙底沟类型、下王岗类型、西王村类型、大河村类型、大司空村类型、庙底沟二期文化、陶寺龙山文化、陕西龙山文化。存在于黄河下游区域的文化包括：后李文化、北辛文化、大汶口文化、龙山文化、岳石文化。

新石器晚期出现了铜器，黄河流域人类进入铜石并用时期。黄河流域人类社会也开始从母系氏族社会过渡到父系氏族社会。在这个时期手工业特别是制陶业得到发展，彩绘陶器代表了这个时期的制陶最高水平。"铜器的铸造，是这个时期的一项重大成就。早在仰韶文化的陕西姜寨遗址中，考古工作者就发现过一件黄铜片和一件黄铜管状物，经鉴定其年代距今已有六千多年，系铸造而成。"[①]考古人员在黄河流域许多文化遗存中都发现了残铜器、残铜片和冶炼铜所用的坩埚残片以及铜渣。金属的应用说明黄河流域的生产力发展水平已经相当高。随着生存能力的提高，黄河流域人们定居的聚落不再局限于河流岸边的高地，人们向更广阔的地域蔓延，开始搬到远离水源的坡地、山岗。仰韶时期人们开始模仿天然洞穴建造简单的房屋，许多半穴式房屋集中在一个狭小的地区便形成了原始聚落。

原始社会的面貌随着历史的发展也发生了变化。父权制逐渐在社会上确立并由此引发一系列变化。由于氏族、部落之间为了利益常常发生争执甚至是残酷的厮杀，为了保卫自身利益不受侵犯，一些氏族或部落开始结盟，形成了更高层次、更加复杂的部落联盟。在父系制确立的同时，私有制也逐步确立。由于氏族、部落内部的分化，贫富差距开始出现，社会地位也产生了变化，并由此产生一系列后续变化。阶级在这一社会背景下产生成为一种必然。在很多历史或政治中引用的"阶级"意指"具有不同身份，不同地位、

---

① 陈梧桐、陈名杰：《黄河传》，河北大学出版社，2009，第67页。

财富、劳动形式、生活方式，不同意识形态的多个社会性群体"。德国著名社会学家、政治学家、经济学家、哲学家马克思·韦伯认为阶级是由市场状况决定的，因此他将阶级划分为买卖双方，他认为阶级冲突的本质就是市场控制权的争夺，谁在市场争夺中占据上风，谁就在社会竞争中占据上风，也就处于社会阶层的上层。马克思·韦伯同时还提出了"地位群体"的概念，认为除了通过经济状况划分以外，还必须通过身份、荣誉、价值观、生活方式的自我认同才能成为阶级[①]。社会学家拉尔夫·达仁道夫则从权力分配角度把阶级划分为统治者和被统治者[②]。马克思认为阶级不是从来就有的，它是生产力达到一定程度后的现象。

从仰韶文化、大汶口文化时期开始黄河流域陆续出现许多用夯土城墙或石头筑成的原始城池，表明黄河流域的社会文明程度已经较高，因为城池是文明社会的重要标志之一。关于城池的起源在学界有不同的说法，有防御说、社会分工说、私有制说、阶级说、集市说与地利说。地利说用自然地理条件解释城市的产生和发展，认为有些城市的兴起是由于地处商路交叉点、河川渡口或港湾，交通运输方便，自然资源丰富等优越条件的原因。防御说认为古代城市的兴起是出于防御上的需要。在居民集中居住的地方或氏族首领、统治者居住地修筑墙垣城郭，形成要塞，以抵御和防止别的部落、氏族、国家的侵犯，保护居民的财富不受掠夺。考古资料证明，世界最早的城市是位于约旦河注入死海北岸的古里乔，距今已有9000年左右。在黄河流域的其他地方也发现了城池，最小的面积只有几千平方米，最大的达到30多万平方米。中国早期的城池绝大多数是土筑，到了明代以后，各地的城墙才开始大规模包砖。因此在中国古代历史的绝大多数时间里，城池都是一副黄秃秃的模样。

黄河流域最早形成了具有早期国家特征的政治形态。"三皇五帝"传说中的黄帝、炎帝、太昊、少昊、蚩尤等都是黄河流域部族或部落首领的优秀代表。《国语·晋语四》记载："昔少典娶于有蟜氏，生黄帝、炎帝。黄帝以姬水成，炎帝以姜水成。成而异德，故黄帝为姬，炎帝为姜。"炎帝（神农氏）是少典之子，因生长在姜水（渭河支流）之滨，得姓姜。黄帝（轩辕氏）是少

---

① ［德］马克思·韦伯：《经济与社会》（上卷），林荣远译，商务印书馆，1997，第333—339页。

② ［英］拉尔夫·达仁道夫：《现代社会冲突》，林荣远译，中国社会科学出版社，2000，第43页。

典之子，因生长在姬水之滨，而得姓姬。姜水、姬水都是黄河支流，因而属于黄河流域。"这些部族首领皆拥有号令征伐、收取贡赋、征发劳役的权力，而且这个时期，随着地域关系的形成，有了非常明确政治选举制度。"①由此可知，在这个时期国家雏形已经在黄河流域率先形成。公共权力的建立和地域关系的形成是国家形成的基础。《史记·五帝本纪》记载："轩辕之时，神农氏世衰。诸侯相侵伐，暴虐百姓，而神农氏弗能征。于是轩辕乃习用干戈，以征不享，诸侯咸来宾从……炎帝欲侵陵诸侯，诸侯咸归轩辕。轩辕乃修德振兵，治五气，蓺五种，抚万民，度四方，教熊罴貔貅䝙虎，以与炎帝战于阪泉之野。三战，然后得其志。""天下有不顺者，黄帝从而征之，平者去之，披山通道，未尝宁居。"这些记载中的"征之""去之""不顺者""宾从"体现了公共权力的存在与使用。炎黄之战其实就是对于公共权力的争夺，是政治斗争的表现形式。在《史记》中也有许多五帝时期关于纳贡、征发劳役的记载。地域关系本质上是一种属地关系，就是土地属于谁，谁拥有支配权与使用权。两个部族常常为了地盘而兵戎相见，本质是为了扩大或保护自己的土地。当一方失败，就必须迁徙远方或者臣服。《史记·五帝本纪》记载："置左右太监，监于万国。"这里的万国就是黄帝统治下的各个地区的小邦国或附庸国。

夏王朝在黄河流域的建立正式宣告了"国家"这个概念在中国的形成，也说明了黄河流域在中国政治版图中的重要地位。禹是黄帝的玄孙、颛顼的孙子。禹幼年随父亲鲧东迁，来到中原。其父鲧被帝尧封于崇。中原洪水在帝尧时代泛滥造成水患灾祸，百姓愁苦不堪。帝尧命令鲧治水。鲧受命开始治理洪水水患，但他采用的是在岸边设置河堤的障水法，历时九年，却未能平息洪水灾祸。大禹被任命治水后采取疏导水流方式治水，三过家门不入，最后治水成功并成为夏朝的第一位天子。因为治水对中华民族的生存至关重要，后人认为禹的功劳巨大，是上古传说时代与伏羲、黄帝比肩的贤圣帝王，甚至比他们的功劳还大，所以称之为大禹。

夏朝（约公元前2070年至公元前1600年），是中国史书中记载的第一个

---

① 牛玉国：《黄河文化专题研讨会文集》，黄河水利出版社，2009，第20页。

世袭制朝代。大禹动员华夏各族展开的历时二十年的治水工作不仅空前地团结了华夏先民，也极大地提升了自己的声望。洪灾治理过程说明各个地方必须协同才能战胜自然灾害，人们逐渐认识到行政的重要性或者王权的重要性，因此在水患得到根治后，随着生活环境的改善，中国历史上第一个统一王权的产生也就得以奠定。

夏朝是城邦联盟到封建国家的过渡期，由于各个方面的制约，例如家国意识缺失等原因，夏朝并没有明确的疆域。夏朝的核心领土范围，南至湖北省北部，向北到河北省的南部，从西起自河南省的西部与山西省的南部，向东到达河南省、山东省和安徽省三省交界处。偃师、登封、新密、禹州一带是区域的地理中心。夏朝的行政区世传有"九州"之说。

在距今5300—4000年之间，除了黄河流域的先进文化之外，中华大地有许多先进的文化，如红山文化、良渚文化、石家河文化等，但大都衰落了，而以黄河流域为中心的文化却繁荣起来并成为中华文化的载体是值得思考的。黄河之所以能够成为中华民族的母亲河并非偶然，而是有其必然性。

第四节　黄河流域的农耕文明与青铜文明

黄河文明是中华民族的源头与核心。由于黄河流域土地肥沃、气候温暖湿润，森林植被茂盛，既适合原始人类的生存又适合农作物种植，因而黄河流域成为中华文明与农耕文明的发祥地。"农业是整个古代世界的决定性生产部门。"[1]黄河文明的主要特征之一就是农耕文明。研究黄河农耕文明的历史形成、表现形式和特征对于了解黄河文化具有重要意义。

农业耕作生产与气候、资源息息相关，优越的气候、资源是诞生农耕文明的重要条件。埃及尼罗河流域、两河流域（幼发拉底河、底格里斯河）、恒河流域都是因为有优越的气候、土地资源而成为文明发祥地的。气候要素主要包括气温、降水和光照等。气候是指一个地区大气的多年平均状况，包括

---

① 马克思、恩格斯：《马克思恩格斯全集》第21卷，人民出版社，2003，第169页。

气温、降水和光照等气候要素，其中降水是气候中最重要的一个要素。由于季风气候的高温与多雨时期基本一致，大体上雨热同期。在作物生长旺盛的时期也是最需要水分的时候，此时如果能有充足的雨水供应，农作物必然生长迅速。而季风气候雨热同期的特点对农业生产十分有利。中国拥有世界上最为典型的季风气候，因为其地理位置位于亚欧大陆东部和太平洋的西岸地区，巨大的海陆热力性质差异形成了季风气候。黄河中下游地区光照足，高温、降水丰沛的雨热同期主要集中在夏季。黄河中下游地区优越的气候条件，适宜农作物生长，促进了农耕文明的诞生与发展。黄河流域也是我国最早进入农耕文明的区域。二十四节气是中国农业发展到较高水平的产物。

根据农业所使用的工具的形式，农业可分为：原始农业、古代农业、近代农业和现代农业。

旧石器时代的农业主要是采集等生产形式，处于原始农业状态，生产力水平极其低下。"刀耕火种"和"火耕水耨"是中国古代原始农业的一种耕作方法。在那个年代人们没有衣服，身穿兽皮、衣不遮体，没有可用的农耕工具，只能靠大刀、长矛等砍树开垦土地或者放火开垦土地，用木头锥子、尖石在地里扎眼，然后放置种子，既没有施肥也不除草，种植后完全听天由命。这样的农耕方式十分落后、野蛮、愚昧，生产力十分低下，但却是农耕文明必须经历的一个阶段。刀耕火种原始生荒耕作制是新石器时代残留的农业经营方式。由于耕作粗放，每亩产量极少甚至绝产，俗称"种一偏坡，收一箩筐"。"火耕水耨"也是古代一种原始耕种方式，其方式是用火来耕种，用水来除草。《史记·平淮书》记载："江南火耕水耨，令饥民得流就食江淮间，欲留，留处。"

原始农业的基本特征：一是生产工具简单落后，以石制工具如石刀、石铲、石锄和棍棒等为主，属于新石器时代农业，生产工具的落后导致生产力发展水平的落后，导致生产效率极其低下；二是耕作方法原始粗放，采用刀耕火种、火耕水耨方式；三是由于智力水平等原因人们主要从事简单协作的集体劳动，通过集体劳动与集体收获获取有限的生活资料，客观上只能维持最基本、低水平的共同生活需要，这是原始社会的基本状况。刀耕火种虽然是原始农业的耕作技术，但由于地区与民族之间存在差异，一些相对封闭落后的地区在相当长的历史时期内仍有保留。在唐宋以前的很长历史时期里中国许多地区也都保留了这种被称为"畲田"的耕作方式。薛梦符在《杜诗分类集注》（第7卷）中曾对于畲田进行了详细解释：畲田，烧榛种田也。《尔雅·释地》："田，一岁曰菑，二岁曰新田，三岁曰畲。"现在在巴西的亚马孙河流域的部分印第安人，居住在东南亚山区丛林的部分部族仍保留着原始农业的耕作方法。原始农业生产力水平极低、落后是一种客观事实，但它是在特定时期、特定环境中人类适应生存环境的必然结果与实践形式。

农业的出现具有划时代意义，它是文明的基础。在农业和畜牧业还没有出现的年代，人类主要靠采集野果、渔猎动物维持生存，大自然的天然产物是人们食物和生活资料的主要来源，人类难以发挥自身的能动力，几乎完全仰赖自然的恩赐生存。当人类的智力水平发展到一定阶段，产生农业与畜牧业之后，人与自然的关系才发生了根本改变。人类由此也开始了征服自然的征程，可以通过自身的努力改变食物的种类、供应数量，可以通过储藏粮食预防饥荒的发生。随着人口的增加，发展农业及畜牧业也成为一种必然的选择。自然界不可能自动提供无限量的食物。

中国古典文献中的"神农氏"是原始种植业和畜牧业时代的代表人物。中国古代神话传说中神农氏是一位神祇，也是农业和医药的发明者，华夏太古三皇之一，被世人尊称为"药王""五谷王""五谷先帝""神农大帝""地皇"等。因以农业为主，他的部落称神农部落。作为传说中的农业和医药的发明者，他遍尝百草，有"神农尝百草"之说，教人医疗与农耕。传说神农氏之前存在包牺氏，包牺氏没，神农氏作。《周易·系辞》曰："古者包牺氏之王天下也，仰则观象于天，俯则观法于地，观鸟兽之文与地之宜，近取诸身，远取诸物，于是始作八卦，以通神明之德，以类万物之情。作结绳而为网罟，以佃以渔，盖取诸《离》。"其大意是太古时代，包牺氏君临天下，向上观察天上的星象，向下观察地上的万物，观察鸟兽的皮毛纹理，以及大地的各种物产，近处取法人体的形象，远处取法万物的形象，于是制作出了八卦，以此沟通神明的德行，比类天下万物的变化情形。包牺氏用绳索缠绕捕兽的网、捕鱼的罟，教导人们用此来捕兽捉鱼，也许就是取法于离卦的卦象而来的。从这段文字中可以看出当时人类社会正处在渔猎阶段，即使是原始的农业也没有出现。随着时间推移与历史发展，人口数量越来越大，而禽兽却越来越少，出现食物短缺现象，大自然的天然恩赐已经难以满足越来越多人的生存需要，在此背景下神农氏可谓应运而生。神农氏"因天之时，分地之利，制耒耜，教民农作"而成为农业的始祖。

神农氏在中国历史传说中有许多方面的成就。他制耒耜，种五谷，奠定了农工基础。耒耜相传是我国古代神农发明的农具，主要用于农业生产中的翻整土地与播种庄稼。随着农业生产的发展，后来人们又将耒耜发展成犁。《礼记·月令》记载："孟春之月，天子亲载耒耜，措之于参保介之御间。郑玄曾注曰："耒，耜之上曲也。"耒是耒耜的柄，耜是耒耜下端的起土部分。耒是一根尖头木棍加上一段短横梁。使用时把尖头插入土壤，然后用脚踩横梁使木棍深入，然后翻出。现在看来耒耜虽然是一种原始工具，但它的使用和种五谷，客观上是生产力水平的巨大提高，不但解决了民以食为天的大事，而且促进了农业生产的发展。农业生产力水平的提高为人类由原始游牧生活逐渐向农耕文明转化创造了条件。相传神农氏治麻为布，从此人民有了衣服穿，摆脱了原始人仅以树叶、兽皮遮身的时代。衣服的出现也扩大了人们的活动范围，使逐渐向寒冷地带拓展生存空间成为可能。衣服的出现使人类告别赤身裸体时代，是由蒙昧社会向文明社会迈出的重大一步。关于神农氏的传说还包括他削木为弓，以威天下。传说他始创了弓与箭，有效防止野兽袭击，抵御外来部落的侵犯，使人民能够安居乐业。

受自然地理条件的限制，黄河流域农业从其产生之始，便是以种植业为主。原始人类在长期的采集野果维持生活的实践中逐渐对各种野生植物有了初步认识，人类天生的好奇心促使他们对各种野生植物的栽培方法与繁殖进行了广泛试验，在无数次试验后逐渐选育出适合人类需要的栽培植物，这是农业发展中的一件大事。"尝百草""播五谷""种粟"是原始人类尝试进行农业生产的生动写照。"神农尝百草，一日遇七十毒"从侧面反映了人类认识并利用野生植物过程的艰难和风险。

农耕文明是指由人们在长期农业生产中形成的一种适应农业生产、生活需要的国家制度、礼俗制度、文化教育等的文化集合。农耕文明其主体包括国家管理理念、人际交往理念以及语言、戏剧、民歌、风俗及各类祭祀活动等，是世界上存在最为广泛的文化集成。农耕文明相对游牧文明既有诸多方面的进步性，并且在这种进步性的长期影响下，农耕文明率先进入了国家形态。游牧是在干旱草原地区通过骑马移动放牧的方式利用水草资源，以获取生活资料，并保持草场可持续利用的生活方式。《新唐书·西域传下·大食》："居你诃温多城，宜马羊，俗柔宽，故大食常游牧于此。"清魏源《圣武记》（第8卷）："天下有城郭之国，有游牧之国，有舟楫之国。"农耕文明和游牧文明作为两个截然不同的人类文明成果，它们共同构成了人类历史不断向前发展演变的重要因素和重要基础。从历史上看，只有自然条件不能满足农耕的地方才能停留在游牧社会，凡自然条件能够满足农耕的地方，一定会进化到农耕社会。从事农耕，是古代人类实现定居的必然条件，而定居是一切高级文明产生的前提。

黄河流域在新石器时期河流纵横，湖泊沼泽密布，森林草原连绵，众多动物在广阔的空间中自由繁衍，草本与木本植物也在这种适宜生存的环境中茂盛生长。距今大约1万年前，是中国原始农业的起源时期。竺可桢认为自5000年前的仰韶文化以来，竹类分布的北限大约向南后退纬度1度到3度。现代的温度和最近的冰川时期，即大约1万~2万年以前的时代相比，年平均温度要温暖7度~8度之多，近5000年期间，可以说仰韶和殷墟时代是中国的温和气候时代，当时西安和安阳地区有十分丰富的亚热带植物种类和动物种类。[1]百年级的增温伴随夏季风的扩张与冬季寒潮消退，降水量大幅度增长[2]，这为黄河流域原始农业的产生与发展提供了自然基础。

关于农业起源问题有许多说法，"大河理论""干燥理论""气候高潮理论""山前理论"等是其中的代表，虽然这些理论各有道理，但自身难以形成完整、令人信服的证据链条。对于野生植物起源、驯化以及生产工具的探索是寻找农业起源的一条重要线索。学者黄其煦在《黄河流域新石器时代农耕文明中的作物》一文中认为无论从考古发现、野生分布还是遗传关系，可以断言：粟是在中国黄河流域首先被培育的。它在北方新石器文化的作物中占

---

① 竺可桢：《中国近五千年来气候变迁的初步研究》《考古学报》1972年第1期。

② 施雅风：《中国全新世大暖期气候与环境》，海洋出版社，1992，第1页。

有重要地位。黄河流域起源是以粟的培育为主体的①。

磁山文化遗址位于河北省南部武安市磁山村东约1千米处的南洺河北岸台地上，1976年至1978年在这里进行了3次发掘。出土了大量粮食加工工具石磨盘、石磨棒，另外在发现的88个窖穴（灰坑）内有堆积的粟灰，一般堆积厚度为0.2米~2米，有10个窖穴的粮食堆积厚达2米以上，数量之多令人惊叹。这些粮食刚出土时，尚有部分颗粒清晰可见。这说明磁山的原始农业达到了较高的水平，在耕作方式上实现了由刀耕火种向锄耕农业的过渡，人类开始了定居生活，发明了窖穴储藏粮食②。发掘证明，磁山先人是以农业为主，辅以渔猎采集，过着原始社会的定居生活。裴李岗遗址位于河南省郑州市新郑市西北约8千米的裴李岗村西，遗址年代距今约8000年，出土文物中有锯齿石镰、两端有刃的条形石铲、石磨盘、石磨棒等农业工具。考古证明早在8000年前先民们就已开始定居，从事以原始农业、手工业和家畜饲养业为主的氏族经济生产活动。

仰韶文化时期黄河流域农业进一步发展。在遗址中出土了大量的农业生产工具。横断面呈椭圆形的石斧虽然适合砍伐林木以开垦荒地，但大多形体厚重粗糙，使用效率较低。出土的石刀和陶刀被认为是用来收割农作物的，它们的两侧都有缺口的长方形。加工粮食是生产生活中不可或缺的一环，坚硬的粮食颗粒如果不经过加工难以下咽，不容易吸收，而加工工具多为石磨盘、石磨棒和木杵、石杵等。这些工具在其后的很长时间内都是农家常用工具。中晚期的农业生产工具相对而言更加精致。出土的许多舌形或心形的石铲，磨制得比较平整光滑。收割谷穗的刀具也改用磨光的长方形石刀，工具的提高也使得生产效率得到提高。在此时期家畜饲养业也有相应发展，有证据表明猪、狗、鸡、羊、马等都已经成为家庭饲养的常见家畜。

大汶口文化时期黄河流域以农业经济为主，主要作物是粟。磨砺精良的穿孔斧、刀、铲等已被大量使用，农业收割工具还有骨镰和蚌镰，石杵和石磨盘、石磨棒是加工谷物的主要工具。大汶口文化时期的早期农业生产除使用一些磨制粗糙、保留打制疤痕的石铲、石斧外，已在这一文化的中晚期，

---

① 黄其煦：《黄河流域新石器时代农耕文明中的作物》《农业考古》1983年第2期。
② 李玉洁：《黄河流域的农耕文明》，科学出版社，2010，第26页。

出现了有肩石铲、石镐和一些鹿角锄。大汶口文化时期，从事社会生产的劳动者的性别，发生了很大的变化。这从男女随葬的石铲、石斧、石锛和纺轮这两类工具的变化，可以得到很好的说明。龙山文化时代陶寺先民过着长期定居的农业生活，掌握了较高的建筑和凿井技术，有发达的农业和畜牧业。制陶等传统手工业已从农业中分离出来，还产生了木工、镶嵌和冶金等新的手工门类。

历法与农业有密切的关系，随着农业的发展而发展。人们只有掌握了农时天象，才能掌握农作物的种植和收割的时令和季节。中国是个农业国家，华夏民族的祖先很早就具备了农业种植能力，与此同时也创造了农村与天象相符合的历法[①]。历法是为了配合人们日常生活的需要，根据天象而制订的计算时间方法。根据月球环绕地球运行所订的历法称为阴历；根据太阳在不同季节的位置变化所订的历法称为阳历。明代史学家万民英根据我国古文献明文记载确定干支为天皇氏时发明，在其著作《三命通会》中有详细记载。干支的发明标志着最原始的历法出现，配合数字用来计算年岁，在后来的传承中，把干支之名简化为一个字。干支历又称节气历、中国阳历，通过天干地支论太阳与地球关系，是上古文明的产物，博大精深。上古时代已定出天干地支及年岁。干支的发明标志着最原始历法的出现，它被用来配合数字计算年岁，用于历法、术数、计算、命名等各方面。天干共10个：甲、乙、丙、丁、戊、己、庚、辛、壬、癸；地支共12个：子、丑、寅、卯、辰、巳、午、未、申、酉、戌、亥。通过天干地支论太阳与地球的关系，二十四节气和十二月建是古代历法的基本内容。

夏商时期农业生产已经初具规模，丝织业与麻纺业有了较大发展，后世所谓的"五谷"基本出现。"五谷"是指五种谷物。"五谷"在古代有多种不同说法，最主要的有两种：一种指稻、黍、稷、麦、菽；另一种指麻、黍、稷、麦、菽。两者的区别是：前者有稻无麻，后者有麻无稻。《周礼·天官·疾医》："以五味、五谷、五药养其病。"郑玄注："五谷，麻、黍、稷、麦、豆也。"《孟子·滕文公上》："树艺五谷，五谷熟而民人育。"赵岐注："五

---

① 李玉洁：《黄河流域的农耕文明》，科学出版社，2010，第38页。

谷谓稻、黍、稷、麦、菽也。"《楚辞·大招》："五谷六仞。"王逸注："五谷，稻、稷、麦、豆、麻也。"《素问·藏气法时论》："五谷为养。"王冰注："谓粳米、小豆、麦、大豆、黄黍也。"《管子·轻重己》："宜获而不获，风雨将作，五谷以削，士兵零落。不获之害也。"马非百新诠："零落，殒也。言风雨大起，五谷因而削减。士，战士。民，普通人民。谓战士与人民皆将饥饿以死也。"

1992年至1993年在洛阳关阳林皂角树遗址的发掘中发现了二里头时期的谷子、粟、黍、高粱及豆等旱地农作物，同时也发现利用河流水利在伊洛平原上种植水稻的遗迹。商代甲骨文中记载了黍、稷、麦等作物，说明在商代这些作物已经是农业生产的主要作物，在人们生活中占有重要地位。黍是象形字。"黍"的甲骨文就是黍这种植物的象形：下部表示植株的根部，中间表示枝干，上面的分叉表示植株的叶，字形还突出了黍散穗的特征。还有一些甲骨文在旁边加上"水"旁。加"水"可能与这种作物需要用水灌溉，也有可能是"黍"的另一个品种，也就是一种带黏性的黍；还有人认为它表示可以酿酒的"黍"。金文的"黍"左边从水，右边以"禾"表示植物，而省去了黍的具体的象形。

甲骨文中出现了"丝"这个字，在殷墟铜器上发现了附有布纹痕迹，说明在商代丝织业与麻织业已经发展到较高的水平。中国是著名的丝织品生产国，是世界上最早养蚕丝和织造绢帛的国家。《说苑·反质篇》记载："纣为鹿台糟丘，酒池肉林，宫墙文画，雕琢刻镂，锦绣被堂，金玉珍玮，妇女优倡，钟鼓管弦，流漫不禁，而天下愈竭，故卒身死国亡，为天下戮，非惟锦绣絺纻之用耶？"这佐证了中国丝织业在古代水平之高。

夏商时期农具也有较大发展，农具种类有所增加，特别是青铜农具的出现使农具呈现出较为细化的分工，出现了专门的农具，如铜镈犁、锄等。铜镈长21.1厘米，宽9厘米，中空11厘米，在安阳市北郊三家庄窖藏出土。此镈束腰长体，鼓面平背，上端有半圆形銎，銎深占镈体的2/3，銎外有箍。正面饰突出的"十"字形纹。体上部有一圆形穿，通其正背，弧状双面刃，较厚，有使用痕迹。犁是由一种原始双刃三角形石器发展起来的，被称作"石犁"。犁是一种耕地的农具，是由在一根横梁端部的厚重的刃构成。其通常系在一组牵引它的牲畜或机动车上，也有用人力来驱动的，用来破碎土块并耕出槽沟从而为播种做好准备。犁主要有铧式犁、圆盘犁、旋转犁等类型。中国的犁是由耒耜发展演变而成。最初可能仍名"耒耜"。用牛牵拉耒耜以后，才渐渐使犁与耒耜分开，有了"犁"的专名。犁约出现于商朝，见于甲骨文的记载。早期的犁形制较为简陋。

《史记·夏本纪》记载："自虞夏时，贡赋备矣。或占禹会诸侯江南，计功而崩，因葬焉，命曰会稽，会稽者，会计也。"从虞舜夏禹开始，纳贡赋税的制度就基本完备了。传说禹考核诸侯功绩时在江南去世，于是就葬在当地，把此地命名为"会稽"。"会稽"，也就是"会计"。贡赋，为中国古代的税收方式，是土贡与军赋的合称。中国历代王朝规定臣民和藩属向君主进献的珍贵土特产品称作贡；赋原为军赋，即臣民向君主缴纳的军车、军马等军用物品，君主再给予回赏。《史记·夏本纪》又记载："六府甚修，众土交正，致慎财赋，咸则三壤成赋。中国赐土姓：'祗台德先，不距朕行。'令天子之国以外五百里甸服：百里赋纳总，二百里纳铚，三百里纳秸服，四百里粟，五百里米。甸服外五百里侯服：百里采，二百里任国，三百里诸侯。侯服外五百里绥服：三百里揆文教，二百里奋武卫。绥服外五百里要服：三百里夷，二百里蔡。要服外五百里荒服：三百里蛮，二百里流。"从这些记载中不难推知虞舜时期已经开始向百姓征收贡赋，并有了较为完备的贡赋制度[①]。

农业是中国古代社会的基础，西周时期的农业随着生产力水平及农业知识的积累较夏商时期有了长足发展。农作物品种基本涵盖了后世的所有主要作物。农副产品如桑、麻、瓜果之类也大量出现，农具、天文历法也有了较大发展，农村有了较为完整的地方行政机构，中国正式步入农耕社会。由于农业生产对于国家政权的稳定运行十分重要，西周在敬神、祭祀中把农业收成放在首位。天子举行亲耕之礼，亲自下田扶犁耕作。《国语·周语上》云："夫民之大事在农，上帝之粢盛于是乎出，民之蕃庶于是乎生，事之供给于是乎在，和协辑睦于是乎兴，财用蕃殖于是乎始，敦庞纯固于是乎成，是故稷为大官。古者，太史顺时视土，阳瘅愤盈，土气震发，农祥晨正，日月底于

---

① 李玉洁：《黄河流域的农耕文明》，科学出版社，2010，第53页。

天庙，土乃脉发。"

西周时期在休耕基础上逐渐发展到自觉的农肥耕作。我国从夏、商时期开始在平原地区可能已经有了井田。西周时期井田十分普遍。井田指的是具有一定规划的方块田，长、宽各百步的方田叫一"田"，一田的面积为百亩，作为一"夫"，即一个劳动力耕种的土地。井田制在中国奴隶社会是一种基本的土地国有制度。为何称为井田制呢？由于田地之中的道路和渠道纵横交错，把土地分隔成方块，形状像"井"字，因此称作"井田"。

西周时期黄河流域大部分及其他一些较为发达地区进入铜石并用时期，铁器也在某些地区出现，农具制作开始规范化。各种器物特别是农具主要是铜石并用，非金属农业生产工具仍然大量存在，相对而言生产力发展水平虽然比以前高，但仍然落后，发展也十分缓慢。农具制作的规范化从某种程度上促进了农具的生产，从另一角度也反映了社会整合度及政府整合能力的提高。

金属在人类的历史发展中具有十分重要的地位，而铜作为自然界比较常见的一种金属元素，是人类最早使用的金属之一。在世界史上，早在史前时代，许多地方的人们就开始采掘露天铜矿，并用获取的铜制造武器、工具和其他器皿。中国古代虽然没有露天铜矿的记载，但铜在中国是较为容易发现与冶炼的金属元素。人类利用铜的历史比铁更早一些。金属铜的使用对早期人类文明的进步影响深远。人类使用铜及其合金已有数千年历史。青铜是在纯铜（紫铜）中加入锡或铅的合金，是金属冶铸史上最早的合金。青铜发明后，立刻盛行起来，从此人类历史逐渐告别制陶时代而进入青铜时代。据历史考证世界上最早的青铜器出现于6000年前的两河流域古巴比伦国。随后青铜冶炼技术与制品逐渐向世界各地扩散。荷马在史诗《伊利亚特》中就有关于冶炼青铜的记载：希腊火神赫斐斯塔司把铜、锡、银、金投入他的熔炉，结果炼成阿喀琉斯所用的盾牌。

黄河流域是中国青铜文明的发源地。有学者认为黄河流域拥有得天独厚的条件：一是黄河流域优越的自然环境为青铜文明的起源和发展提供了重要的自然前提。二是黄河流域相对先进的社会生产力与各种技艺加速了前两次社会大分工的形成与发展，客观上为青铜文明的起源与青铜时代的到来提供了必要的社会需求基础。三是丰富的矿产资源，为黄河流域早期人类认识和利用铜提供了有利条件，黄河流域的人们对金属铜的认识和利用比周边地区更早①。

考古发现在距今7000年至5000年的仰韶文化时期就出现了铜质器物，此时的铜器主要集中在黄河流域中上游地区。如西安半坡遗址、甘肃东乡林家遗址等都出土过铜质器物。黄河流域青铜文明不同于世界其他地区，具有自身特征。首先在铜的认识与利用过程中，·黄河流域人们最先认识的是红铜。其次，黄河流域青铜文明发展的脉络比较清晰。再次，黄河流域青铜承载着较为厚重的政治内涵。例如，青铜礼器成了身份的象征。

中国青铜器文化的鼎盛期就是所谓中国的青铜器时代。这一时期包括夏、商、西周、春秋及战国早期，前后延续约1600余年。在此期间青铜器大量出现，被历史学家称为中国传统体系的青铜器文化时代。在这个时期，青铜器代表了当时最先进的生产力，代表了财富与权力。其制作、使用及规制表现在诸多方面。这个时期的青铜器从类型上主要分为礼乐器、兵器及杂器。青铜器礼器一般为贵族王侯所有，数量最多，制作也最精美。礼乐器可以代表中国青铜器制作工艺的最高水平。一般来说，饮酒主要用爵、斝、觚、觯、角等。角的样子似爵，但前后都有尾，无柱，有的角还有盖，盛行于商代；觚相当于后代的杯。"觥筹交错"的觥也是常见的饮酒器，多为椭圆形，口上前有流，后有把手。战国时的齐国以四升为豆、四豆为瓯、四瓯为釜、四釜为钟。钟、豆、釜等都是当时的标准量器。战国时的釜为坛形，小口大腹，有两耳。豆似高足盘，或有盖。商周时则为青铜制。作为饮酒器的爵、斝等沿口处均的柱，有单柱、双柱两种。饮酒时柱则抵住鼻梁，据说是以此提醒饮之人，酒多误事，饮酒应适可而止。

青铜文明的转变时期指战国末期至秦汉时期，随着冶炼技术的发展，青铜由于存在各种各样的物理方面的缺陷，青铜冶炼逐渐没落，取而代之的是冶铁技术与铁器，青铜器已逐步被铁器取代。不仅数量上青铜器大幅减少，其用处也发生了变化。社会需求发生变化后青铜器的种类、构造特征、装饰

---

① 郑贞富、李玲玲：《黄河流域的青铜文明》，科学出版社，2010，第7—8页。

艺术也发生了较大的变化。"我国的青铜文明肇始与黄河流域青铜文明的产生，战国后期青铜文明呈现出衰颓状态，一个更为繁荣的铁器时代到来了。"[①]

第五节　黄河流域的"百家争鸣"与政治中心的确立

黄河流域是古代中国政治、经济与文化最活跃的地区，但这种活跃如果是在一种无序的状态下极为容易引发剧烈变动。春秋战国时代，黄河流域在多种因素作用下经历了剧烈的社会大变革。各种社会关系发生变化，各种思想应运而生，形成了诸子百家争鸣的局面。

春秋战国（公元前770年—公元前221年），是百家争鸣、人才辈出、学术风气活跃的时代。这个时期是中国历史上大分裂时期，也是各种社会思潮迭起的时代，对于中国历史的影响极其深远。西周时期，周天子保持着天下共主的威权。平王东迁以后，东周开始，周室开始衰微，只保有天下共主的名义，而无实际的控制能力。东周在战国后期（公元前256年）为秦国所灭。中原各国也因社会经济、政治及其他方面的差异，大国之间争夺霸主的局面以不以人的意志为转移的趋势发生。各国的兼并与争霸客观上促成了各个地区的兼并与统一。因此东周时期的社会大动荡虽然对人民生活的许多方面产生了极其负面的影响，例如战争使人口数量下降等，但从另一角度而言为秦国最后兼并六国的统一创造了条件。

文化是物质文明与精神文明的综合，是一定时期社会政治、经济的反映。春秋战国时期，人员的交流、经济的发展，甚至战争推动了科学技术的进步。社会环境的变革为思想的空前活跃和文学艺术的繁荣提供了土壤。因为在混战时代人们受到政权的束缚比较少。春秋战国之交掀起的社会大变革风暴以摧枯拉朽、势不可挡的气势摧毁了旧有的社会秩序、社会阶层与思想观念。新的社会阶层、制度和道德伦理观念应运而生。有的人没落，退出了历史舞台；有的人兴起，成就了一个时代。兼并与反兼并、正义与非正义的战争连

[①]　郑贞富、李玲玲：《黄河流域的青铜文明》，科学出版社，2010，第5页。

年不断，整个社会自南到北、自西向东呈现出纷繁复杂的大动荡、大改组局面。

随着封建经济的萌生与发展，黄河流域作为当时生产力水平最高的地区，其自然科技水平、人文发展水平都迅速得到提高。铸造技术、天文历法、力学、数学、医学等的发展开拓了人们的视野。同时，"学在官府"的局面被打破。学在官府是夏、商、西周文化教育制度的特点。其表现有二：一是官师合一。由国家职官师氏、保氏、大司乐、乐师、大胥、小胥、大司徒、乡大夫、乡师、父师、少师等掌握学术，担任各级学校的教师。二是政教合一。学校既是施教的场所，又是进行政治活动的宫廷。伴随"学在官府"局面打破的是私学逐步兴起。

为了招揽人才为自己所用，诸侯贵族大都对私学采取支持和扶持态度。齐国稷下学宫就是当时私学繁荣的一个代表。稷下学宫用现代术语而言是世界上第一所由官方举办、私家主持，具有特殊形式的高等学府。稷下学宫在其兴盛时期，汇集了天下贤士多达千人左右，如孟子（孟轲）、淳于髡、邹子（邹衍）、田骈、慎子（慎到）、申子（申不害）等，曾容纳了如道、儒、法、名、兵、农、阴阳、轻重"诸子百家"中的几乎各个学派。作为当时百家学术争鸣的中心园地，稷下学宫促成了天下学术争鸣局面的形成。《宋子》《田子》《蜗子》《捷子》《管子》《晏子春秋》《司马法》《周官》等书的编撰与传播，也与稷下学宫紧密相关。稷下学宫促进了先秦时期学术文化的繁荣，为当时"百家争鸣"开创了良好的社会环境。

在私学盛行、诸侯征战、思想急变的历史背景下，在黄河流域及其他地区一个新的社会阶层应运出现了，这就是士。士是一个象形字：勃起雄性生殖器是士之范式。其本义是有担当的男人。《论语》："士不可以不弘毅，任重而道远。"《三国志·吴志·吕蒙传》："士别三日，当刮目相待。"士是作为封建社会中最基础的贵族，也是最高级的百姓。欧洲有骑士这个阶层，日本有武士阶层，中国则有以知识分子为代表的士族阶层。士，在中国古代社会中是具有一定身份地位的特定社会阶层，后来逐渐演变为对知识分子的泛称。士原处于贵族的最底层，受过礼、乐、射、御、书、数等六艺的教育。虽然他们社会地位不高，但很多是有学问有才能的人，有的是政治、军事的杰出人才，有的是通晓天文、历算、地理等方面知识的学者。先秦时代士阶层是一个十分活跃的阶层，也出现了许多著名历史人物，例如孟子、墨子、庄子、荀子、韩非子以及商鞅、申不害、许行、陈相、苏秦、张仪等是代表人物，他们或者是著名思想家、政治家、军事家，或者是科学家。当然士阶层并不是都是优秀人物，至于一般的出谋划策、谈天雕龙之流，以及击剑扛鼎、鸡鸣狗盗之徒在士阶层中占有较大比例。

由于士的出身不同、立场不同、所服务的对象不同以及个人禀赋与兴趣的差异因，他们所提出的政治主张、要求以及解决现实问题的策略都不相同。士阶层的有志之士纷纷著书立说，相互之间争辩不休，最终出现了百家争鸣的局面，儒家、道家、墨家、法家、阴阳家、名家、纵横家、杂家、农家、小说家等许多学派在此背景下应运而生。诸子百家是后世对先秦时期各学术派别的总称，而实际学派数量远远超过一百家。《汉书·艺文志》记载的数得上名字的学派一共有189家之多，相关文献4324篇。而《隋书·经籍志》《四库全书总目》等书则记载"诸子百家"实有上千家。当然上千家的统计数字值得商榷，但流传较广、影响较大、最为著名的有几十家之多得到学术界普遍认同。归纳而言，诸子百家中只有12家被发展成学派。诸子百家中比较有名的人物有管子、老子、孔子、晏子、孙子、范蠡、扁鹊、尹文、列子、庄子、田骈、黄老、杨子、邓析、公孙龙子、惠子、鬼谷子、张仪、苏秦、孙膑、庞涓、孟子、墨子、告子、商鞅、申不害、慎子、许行、邹衍、荀子、韩非子、吕不韦。诸子百家中儒、道、墨、法四家最有影响力。《论语》《孟子》《老子》《庄子》《荀子》《墨子》《韩非子》是这四家的代表作。就文学性而言，《论语》《孟子》和《庄子》具有较高的文学价值。诸子百家的代表人物大多出生在黄河流域或活动于黄河流域，"是黄河的流水哺育了他们的灵魂，是黄河流域的黄土地为他们提供了传播思想的舞台"①。

儒、墨、道、法四家产生于黄河流域，对黄河流域的影响十分深远。儒家由孔子创立、孟子发展、荀子集其大成，之后延绵不断，为历代儒士所推崇，是至今仍有强大生命力的学术流派。而孔子、孟子及荀子都出生在黄河

---

① 陈梧桐、陈名杰:《黄河传》，河北大学出版社，2009，第119页。

中下游地区，他们的思想是黄河文化的重要组成部分。儒家经典主要有儒学十三经。《易》《诗》《书》《礼》《春秋》谓"经"，《左传》《公羊传》《谷梁传》属于《春秋》之"传"，《礼记》《孝经》《论语》《孟子》均为"记"，《尔雅》则是汉代经师的训诂之作。《大学》《中庸》《论语》《孟子》谓之"四书"，《周易》《尚书》《诗经》《礼记》《左传》谓之"五经"。

儒家思想即儒家学派的思想，由春秋末期思想家孔子创立。孔子（公元前551年—公元前479年），子姓，孔氏，名丘，字仲尼，鲁国陬邑（今山东曲阜市）人，祖籍宋国栗邑（今河南省夏邑县），儒家学派创始人，"大成至圣先师"。孔子开创私人讲学之风，倡导仁义礼智信，有弟子三千，其中贤人七十二。他曾带领部分弟子周游列国十四年，晚年修订六经。儒家学说是孔子总结、概括和继承夏、商、周三代传统文化基础上形成的思想体系，总体而言该体系较为完整。孔子"述而不作，信而好古"指出了自己的思想本色。儒家思想基本分为"内圣"与"外王"，即个人修养与政治主张两类。

墨家在当时是与儒家并称的所谓"显学"。墨子是宋国贵族目夷的后代，生前担任宋国大夫。墨子出身微贱，曾学儒术，因不满其烦琐的礼乐制度和学说，另立新说，聚徒讲学，成为儒家的主要反对派。孟子曾说"天下之言，不归杨（杨朱，道家代表人物）则归墨（墨子）"。墨子不但是墨家学派的创始人，也是战国时期著名的思想家、教育家、科学家、军事家。墨子是中国历史上唯一一个农民出身的哲学家，墨子创立了墨家学说，墨家在先秦时期影响很大，与儒家并称"显学"。他提出了"兼爱""非攻""尚贤""尚同""天志""明鬼""非命""非乐""节葬""节用"等观点。以兼爱为核心，以节用、尚贤为支点。墨子在战国时期创立了以几何学、物理学、光学为突出成就的一整套科学理论。在当时的百家争鸣，有"非儒即墨"之称。

老子出生于春秋时期黄河流域的陈国，是道家学派创始人和主要代表人物，同时也是中国古代著名的思想家、哲学家、文学家和史学家，与庄子并称"老庄"，后被道教尊为始祖，称"太上老君"。老子在函谷关前著有五千言的《老子》一书，又名《道德经》或《道德真经》。《道德经》《易经》和《论语》被认为是对中国人影响最深远的三部思想巨著。《道德经》以"道"解释宇宙万物的演变，以为"道生一，一生二，二生三，三生万物"，"道"乃"夫莫之命（命令）而常自然"，因而"人法地，地法天，天法道，道法自然"。"道"为客观自然规律，同时又具有"独立不改，周行而不殆"的永恒意义。《道德经》书中有着朴素的唯物主义的观点。老子集古圣先贤之大智慧，形成了道家完整系统的理论，标志着道家思想已经正式成型。

关于道家的思想来源，《史记·论六家要旨》曰："道家使人精神专一，动合无形，赡足万物。其为术也，因阴阳之大顺，采儒墨之善，撮名法之要，与时迁移，应物变化，立俗施事，无所不宜，指约而易操，事少而功多。……道家无为，又曰无不为，其实易行，其辞难知。其术以虚无为本，以因循为用。无成埶，无常形，故能究万物之情。不为物先，不为物后，故能为万物主。"

"缘法而治""法不阿贵，绳不挠曲""不别亲疏，不殊贵贱，一断于法""刑过不避大臣，赏善不遗匹夫""君臣上下贵贱皆从法"等是法家的政治口号。法家最初的代表人物或春秋时期法家学派的思想先驱是齐国管仲、晋国郭偃以及郑国子产等人。战国时期法家先贤李悝、吴起、商鞅、申不害、乐毅、剧辛相继在各国变法，周朝的等级制度、贵族世袭特权等土崩瓦解，从根本上动摇了靠血缘纽带维系的贵族政体，开垦荒地、获得军功等则成为平民改变自己身份的渠道。战国时期，法家有齐法家和秦晋法家两大家之说。齐法家主张以法治国，法教兼重；秦晋法家主张不别亲疏，不殊贵贱，一断于法。齐法家和秦晋法家各有侧重，在实践中也各有优缺点，但都在历史上产生重要影响。

韩非是战国末期著名思想家、法家代表人物。社会进行改革和实行法治是韩非的主张："废先王之教""以法为教"。韩非主张既然制定了"法"就要严格执行，不能有法不依，任何人也不能例外。即使面对贵族或高官也要坚持"法不阿贵""刑过不避大臣，赏善不遗匹夫"。只有实行严刑重罚人民才会顺从，社会才能安定，封建统治才能巩固，从某种角度这一观念是正确的。韩非继承和总结了战国时期法家的思想和实践，从更好统治社会的角度提出了君主专制中央集权的理论。对于君主，他主张事在四方，要在中央；圣人执要，四方来效。国家大权要集中在君主（"圣人"）一人手里，君主必须有权有势，才能治理天下，所谓万乘之主，千乘之君，所以制天下而征诸侯者，以其威势也。韩非认为君主应该使用各种手段清除世袭的奴隶主贵族，为了打击瓦解贵族势力必须"散其党""夺其辅""宰相必起于州部，猛将必发于卒伍"。

崛起于黄河流域关中平原的秦国在公元前221年完成对东方六国的兼并，建立起中国历史上第一个统一的多民族国家。只有统一在一个国家之内才能打破彼此的隔阂，消除高山河流的阻隔，形成更加强大的力量，创造出更加灿烂的文明。"国家的统一，要求有稳定的政治中心，由于黄河流域从分数走向统一是一个渐进的历史发展过程，中国早期的政治中心都城由屡次变动走向长期稳定，也经历了漫长的岁月。"[1]

夏朝迁都十分频繁，有些是政治的原因，有些是局势所逼。夏朝的都城有阳城、阳翟、斟鄩、商丘、纶城等。夏禹始建都于阳城，后迁阳翟。阳城在登封，阳翟在现在河南省的禹州，均离洛阳不远。夏王朝的第三个帝王太康以斟鄩为首都。据《竹书纪年》记载，从夏朝第三任君主太康开始，到夏桀皆以斟鄩为都。根据众多史料记载，夏都斟鄩的位置大致在伊洛平原地。考古发现的二里头遗址就是夏都斟鄩。中国古都学会根据各种资料已经认定河南开封市曾经是夏朝的都城。开封这座有着"七朝都会"之称的古城由此而荣升为"八朝古都"。开封最早建城的时间也被大幅度提前。公元前21世纪左右，夏朝的第七位王杼将都城迁至老丘，在这个地方定都的时间有200余年。经过考证，普遍认为老丘在现在河南省开封市区东20余千米的国都里村一带。根据推算，在夏朝统治的大约470年间夏朝总共迁都17次。频繁迁都说明政治、经济还不够稳定，朝廷容易受到各种因素的侵扰而被迫迁徙，没有形成稳定的政治中心。

姬姓部落的始祖后稷，数代传至公刘迁居于豳（bīn，在今旬邑、彬县一带）。公刘九传至古公亶父时，为了躲避戎狄部落侵扰威逼，便率姬姓周氏二千乘，跋山涉水迁移到岐山渭水流域的周原一带（即今岐山及其周围地区），察看地形，筹建屋宇，定居下来。从此他们自称为"周"。岐地就成了周部族的属区。纣辛十九年（前1057年），西伯姬昌迁都于丰（今西安市西

---

① 陈梧桐、陈名杰：《黄河传》，河北大学出版社，2009，第130页。

南）。周武王讨伐纣王之后又建都镐京。《诗·大雅·文王有声》篇有"考卜维王，宅是镐京"。镐京是中国历史上第一个有严格规划的都城，是中国真正意义上的第一座城市。西周时期的丰镐，丰京在西，镐京在东，大体位于陕西西安西南沣河的两岸，是中国历史上第一座规模宏大、布局整齐的城市。具体而言，丰京在现在沣河西岸的马王镇一带，镐京在沣河东岸的斗门镇一带。西周末年，犬戎攻破镐京，标志着西周的灭亡。

周朝在镐京稳定下来之后大力向黄河下游流域扩张势力范围，在洛河之滨建立洛邑并将之作为东都。八方之广，周洛为中，谓之洛邑。洛邑是都城洛阳的古称。周武王迁九鼎，周公致太平，营以洛邑为都，是为成周。洛邑作为东都之后，这样由沣水、渭河、黄河、洛河的航运连接起来的东、西二座京城，"就把当时黄河流域乃至全国经济最发达的以关中平原为中心的西部经济区和以华北平原为中心的东部经济区连接起来，初步奠定其作为黄河文明乃至整个中华文明发展的轴心地位"[①]。秦最初的领地甘肃东南部（今天水地区），在当时属于中国的边缘部分。公元前770年左右秦襄公因为护送周权平王东迁有功，被封为诸侯，由此秦国开始建国，这是秦国历史的开始。后来秦国占领了被戎人和狄人占领的原周朝在陕西的领地。从公元前677年起，秦国在雍（今宝鸡凤翔）建都近300年。公元前350年，秦国大良造（商鞅）为了深化其提出的改革主张，摆脱旧贵族势力的干扰，提议将都城由雍城（今宝鸡凤翔）迁至新建成的咸阳城，得到秦孝公支持。公元前325年秦惠文王称王，至此秦国乃至后来的秦朝都是以咸阳为都城的。咸阳地处陕西关中平原腹地，是中国大地原点所在地，自古就是西部战略重镇。关中地区是黄河支流渭河的下游冲积平原，素有"陆海之枢纽"之称号。

黄河流域对于中国的历朝历代都十分重要。自古有"得中原者得天下"之说。中原，本意为"天下至中的原野"。《诗经》中有"漆沮之从，天子之所。瞻彼中原，其祁孔有"，又有"中原有菽，庶民采之"。《国语》中有"寡人不知其力之不足也，而又与大国执雠，以暴露百姓之骨于中原，此则寡人之罪也"。这些诗词与文献中的"中原"是中原一词最早的出处，本意是指"原

---

① 陈梧桐、陈名杰：《黄河传》，河北大学出版社，2009，第130页。

野"。中原地区在远古时期即有人类活动，可以追溯到有巢氏时代。中原又称华夏、中土、中州。中原自古为咽喉要地，洛阳至开封一带为中心的黄河中下游地区是中原的核心地带，被视为"中国之处而天下之枢"。

夏朝、商朝、西周、东周、西汉、玄汉、东汉、曹魏、西晋、北魏、后赵、冉魏、前燕、东魏、北齐、隋朝、唐朝、武周、后梁、后唐、后晋、后汉、后周、辽朝、北宋、南宋、金朝等先后有20多个朝代在中原地区建都，大体就是黄河中下游地区，该区域是中国建都朝代最多、建都历史最长、古都数量最多的地区，300多位帝王建都或迁都于此。洛阳、开封、安阳、郑州、商丘、南阳、濮阳、许昌、登封、夏邑、偃师、虞城、淮阳、新郑等都曾是都城。古代帝王之所以选择黄河流域作为建都之地，一方面是因为黄河流域自古以来就是中华民族的发祥地与地理上的中心地带，另一方面也是因为黄河流域是中国的政治、经济与文化中心。这从一个层面反映了黄河流域在中华民族历史的地位。

第三章　水文化与黄河文化

第一节　水文化

　　水是万物之源，人类的生存与发展与水休戚相关。水文化是指人们以水和水事活动为载体所创造的一切与水有关文化现象的总称或总和，包含了水利文化的全部内容。水文化是以社会视野与文化视角来看待与水和水利相关的事物。人们在日常生活中、在工作中都与水密切相关，但以文化与社会视角来审视水及与水相关的活动却不多。但随着研究流域的细化与深入，现在越来越多人特别是学者对于水文化的研究日益重视。人类离不开水，水与一个民族的诞生、发展密切相关，对于民族文化的发展也至关重要，水文化是民族文化的组成部分，如果要全面深入地研究一个民族的历史、文化特征、民族性格，不研究与之紧密相关的水文化是不完整、不系统、不够深入的。研究中华民族文化就必须研究黄河文化，而研究黄河文化就必须研究水文化，因为水对于黄河流域的人民及其发展历史十分重要。

　　水是地球上最常见的物质之一，地球有72%的表面被水覆盖。水在空气中含量虽少，但却是空气的重要组分。水是包括无机化合、人类在内所有生命生存的重要资源，也是生物体最重要的组成部分。水在常温下为无色、无味、无臭的液体。很多常见气体可以溶解在水中，如氮气、二氧化碳、氢气、氧气、惰性气体等，这些气体的溶解度与温度、压力、气相分压等因素有关。水对于人体而言十分重要，水是人体正常代谢所必需的物质。水对于维持人的生存至关重要。水是细胞原生质的重要组分；水有较高热导性和比热，可作为"载热体"在体内和皮肤表面间传递热量，有助于人体调节体温。水在体内起溶媒作用，溶解多种电解质；水在体内起运输作用，可以传递营养物质、代谢废物和内分泌物质（如激素）。儿童体内有80%的水，老人体内则有50%~60%，正常中年人体内则有70%的水。正常情况下身体每天要通过皮肤、内脏、肺以及肾脏排出1.5L左右的水，以保证毒素从体内排出。

关于地球上水的来源目前还没有形成共识，地球上水的起源和形成时间，决定了地球演化的方向和生命起源的时间。对于地球上的水的来源，目前比较有代表性的是"外源说"和"内源说"两种说法。外源说认为地球上的水来自地球外部。而外来水源的候选者之一便是彗星和富含水的小行星。外来水源的另一个候选者是太阳风。内源说认为地球上的水来自地球本身。地球是由原始的太阳星云气体和尘埃经过分馏、坍缩、凝聚而形成的。地球起源时形成地球的物质本身含有水。也有些地球科学家倾向于认为地球上的水来源于地球自身演化过程中的岩浆水等。虽然水的来源还众说纷纭，但水对于地球生物包括人类的起源与生存至关重要却是共识。

根据世界气象组织（WMO）、联合国教科文组织（UNESCO）相关资料中水资源的定义，水资源是指可资利用或有可能被利用的水源，这个水源是应具有足够数量、合适质量并能满足某一地方在一段时间内需求。地球表面的大部分被水体覆盖，根据测算地球表面的72%被水覆盖，由于海水含盐，真正能被人们直接利用的淡水资源仅占所有水资源的0.5%，而其中近70%为固体淡水。大部分淡水以冰的形式被锁定在南极和格陵兰的冰层中。人类真正能够利用的淡水资源是江河湖泊和地下水中的一部分。而土壤水分或深层地下水在人类历史的很长一段时期内由于科技水平所限而不能被人类利用。由于地理环境与气候等因素的制约，中国是一个相对缺水的国度，中国人均淡水资源只占世界人均淡水资源的1/4。巴西、俄罗斯、加拿大、中国、美国、印度尼西亚、印度、哥伦比亚和刚果9个国家的淡水资源占了世界淡水资源的60%。中国水资源总量2.8万亿立方米，居世界第五位，而中国有庞大的人口数量，因此按人均计算，中国是一个缺水国家。具体而言2014年中国用水总量6094.9亿立方米，仅次于印度，位居世界第二位。另外，中国属于季风气候，水资源时空分布不均匀，南北自然环境差异大，其中北方9省区，人均水资源不到500立方米，实属水少地区。

原始生命在液态水中诞生。海洋中由于含有如氯化钠、氯化钾、碳酸盐、磷酸盐等许多生命所必需的无机盐与溶解氧，原始生命从中吸取它所需要的元素，同时水能有效地吸收紫外线，因而又为原始生命提供了天然的"屏障"。这些都是原始生命得以产生和发展的必要条件。因而地球上的原始生命起源于海洋成为一种科学共识。"逐水而居""沿河湖而居"是自古至今人类争取生存与发展一直遵循的基本规则。水是生命之源，"逐水而居"靠近水源，人类更加便利地获取。"逐水而居"又为人类改变河流提供了愈加便利的条件和动力。在人类早期，由于智力水平、生存水平极低，人们只能顺从环境的变化而不能改变生存环境，所以原始人类的生存区域必须有充足的水源。一方面，靠近水源生活可以满足人类自身最基本的生理需要，因为每天人必须饮水才能保持身体正常的新陈代谢，如果没有水或者取水很困难人必然无法生存下去。另一方面，水不仅是人所必需的，许多生物包括动物与植物都离不开水，有水的地方就是生命繁殖昌盛的地区。在一片充满水的地方，像古代的罗布泊那样，有很多生命，各种植物动物遍地，但是后来水消失了，原来的地方变成了沙漠，这片地区几乎变成了不毛之地，以前的物种几乎消失了，再过一些时间，这里有了降水，又出现了生命。因此人类在水源充足的地方能够寻找到比较多的食物。在没有水或缺乏水的地方，几乎就是不毛之地，人类在这里无法获取食物而无法生存下去，因此逐水而居是一种必然的选择。

"史学家常常将原始文明直接称之为'大河文明'，因为这一阶段的人类文明聚居地与河流紧紧相连，即便是相对固定的农耕文明，也会随河道的变迁而转移，游牧文明则从远古开始就逐水草而居，并一直延续至今。"[①]黄河、尼罗河、幼发拉底河与底格里斯河、印度恒河流域历史上都是人类文明的发源地，其中一个原因是这些地区通过洪水周期性泛滥和引水灌溉形成了最早的农业，并伴随科技、文化与政治的发展获得一种标志性文化认同。这种文化认同后来被称为民族凝聚力的文化倾向与民族精神。包括文化认同、民族

---

① 蒋涛、吴松、秦素粉：《水文化导论》，西安交通大学出版社，2017，第31页。

认同等源于河流所生成的认同和倾向进一步赋予河流一种特殊而崇高的品格，而河流本身成为民族文化、民族精神的象征及物质载体。基于河流的文化一旦形成，它可以通过河流的故事触摸历史与族群，使之成为各个民族发生、成长和可持续发展的文化资源。基于河流的记忆、知识、经验与想象可以被抽象成符号，并赋予其无限丰富的内涵。人类文明的诞生、繁衍、发展与传承没有脱离过自然之水，因而从另外一个角度而言人类文明始终受到水生态环境的制约。

尼罗河抚育这两岸的民众，赠予埃及人民发达的农业文明以及法老崇高的地位与权力[1]。高耸的金字塔、尼罗河上的古船、神秘的木乃伊标志着尼罗河推动、形成古埃及文明的历程。记载着水与人类发展的历史以及水文化自身的存在与发展。

"埃及是尼罗河的赠礼。"希腊历史学家希罗多德在公元前5世纪这样评价，但是很久以前这个事实就已经为埃及人所承认。他们最动人的颂诗之一，开篇这样说道："万岁，尼罗河，你来到这片大地，平安地到来，给埃及以生命！"

尼罗河是一条流经非洲东部与北部的河流，自南向北注入地中海。它与中非地区的刚果河以及西非地区的尼日尔河并列非洲最大的三个河流系统。尼罗河长6670千米，是世界上最长的河流。尼罗河有两条主要的支流，白尼罗河和青尼罗河。发源于埃塞俄比亚高原的青尼罗河是尼罗河下游大多数水和营养的来源，而白尼罗河则是两条支流中最长的。

尼罗河流域向北蜿蜒就像一条绿色的巨蛇穿越了贫瘠的北非沙漠，当它抵达地中海的时候，散布到辽阔、平坦的三角洲。南面狭窄的河谷与北面的三角洲形成两个不同的地区，被称为上埃及和下埃及。古代埃及因此也被称作两地之国。

每年的大水使得尼罗河沿岸非常富饶。古埃及人在尼罗河畔种植小麦、棉花、水稻、椰枣和谷物，为其居民提供食物。异常富饶的尼罗河流域，甚至比底格里斯河—幼发拉底河流域还大，由每年的洪水泛滥产生肥沃的淤泥

---

① 蒋涛、吴松、秦素粉：《水文化导论》，西安交通大学出版社，2017，第48页。

堆积物（7月开始，8月和9月达到顶峰，最终在10月退去）。埃及从新石器文化发展到文明，它遵循了美索不达米亚的模式：排干湿地、清除杂草、挖掘沟渠、开拓黑色土壤，古代埃及人每年便能够在这些土地上种植作物。

尼罗河每年的泛滥可以预知、起势平缓，从而助长了埃及人的自信和乐观。埃及人则把他们的洪水之神看作是"它的到来会给每个人带来欢乐"的神，一位古埃及诗人是这样描述给万物以生命的大河的慈善：看，这位伟大的君主，既不向我们征税，也不强迫我们服劳役，有谁能不惊讶？有谁，说是忠于他的臣民，真能做到信守诺言？瞧，他信守诺言多么按时，馈赠礼物又多么的大方！他向每一个人馈赠礼物，向上埃及，向下埃及，穷人，富人，强者，弱者，不加区别，毫不偏袒。这些就是他的礼物，比金银更贵重……

尼罗河经常泛滥，古埃及人为了在洪水来袭之前尽快把谷物收割起来，以免农作物被水冲走，他们在地上竖起石柱，每天黎明前，总有专门的人负责观察太阳照射石柱时所造成的影子的角度变化。经过长期观察，他们发现影子的变化和气候、季节的变化，居然是一致的。由此古埃及人掌握了相关规律，并有了天文知识。他们渐渐懂得每次洪水来临前，总会有一颗闪亮的星星，出现在黎明前的天空，那颗星我们称作天狼星。因为天狼星每隔三百六十五天出现一回，古埃及人便把这段时间定为一年，根据月圆月亏把每年分成十二个月。古埃及人由此建立了自己的历法，不过这历法和古巴伦的不同，它是按照太阳的变化来计算日子。

埃及人因为看到尼罗河定期有规律地泛滥，他们由此认为人死了之后也会像定期来临的洪水一样再次来到这个世界，"来世说观念"就此形成。因为相信人能够死而复生，能够复活，他们便努力保存好自己的尸体，使灵魂依附到保存完好的肉体上而得以复活。埃及人认为死亡并不是生命的终结而是从一个世界来到了另外一个世界。木乃伊的制作就是为了来世复活及更好生活的必要准备。埃及人因而热衷于制干尸、修坟墓。他们用盐水、香料、膏油、麻布等物将尸体泡制成"木乃伊"，再放置到密不透风的墓中，就可经久不坏。深藏墓中不会腐烂的尸体，静静等待着死的灵魂重新回来依附于肉体。古埃及人又意识到，人的复活只能在阴间，而不是在人间。因而，尸体同灵魂的重新组合，也不能使人重新回到人世，而只能生活在地下深宫。作为统治者的奴隶主为了满足自己死后生活的需要，不惜动用国家所有的人力、物力、财力建造坟墓。金字塔就是在这种形势下出现的。坟墓里还必须摆放各式各样生前的生活用品，便于死者享用。

埃及尼罗河灌区灌溉历史悠久，利用尼罗河每年一季的洪水漫灌方法最早可追溯到公元前3400年。古埃及的水利灌溉既有尼罗河定期泛滥而形成的自然灌溉，也有人工基础上修建的堤坝、开凿的沟渠等水利灌溉。这些历史遗迹不仅记载了埃及人利用水资源的方法，而且也成为埃及文明水文化的缩影。

两河流域（底格里斯河和幼发拉底河之间的所谓"新月沃土"地带）文明又称美索不达米亚文明，两河流域共约40万~50万平方千米，包括现在的巴勒斯坦、约旦、叙利亚、伊朗、伊拉克等地。两河流域是西亚最早的文明，具有悠久的历史与灿烂的文化，主要包括苏美尔、阿卡德、巴比伦、亚述等文明。据历史考证苏美尔人创造了历史上两河流域最早的文字——楔形文字。考古学家和历史学家认为楔形文字起源于美索不达米亚特殊的渔猎生活方式，大多数刻在泥板上，内容十分丰富，既包括个人与企业信件、法律、赞美歌、祈祷、魔术咒语、汇款、菜谱、列表，也包括数学、天文学和医学文章。

苏美尔农业生产拥有包括汲水吊杆、运河、水渠、堤坝、堰和水库等的巨大灌溉系统。政府派遣专门的人管理水渠和运河，修补水渠和运河，清除淤泥。苏美尔人种植的植物中有大麦、鹰嘴豆、苦菜花、韭菜、山葵、小扁豆、黍子、小麦、芜菁、枣椰、洋葱、大蒜，饲养的牲畜有牛、绵羊、山羊和猪等。总体而言苏美尔人农业生产力在当时的历史时期处于世界先进水平。在其他领域如文学、艺术、天文、地理以及历法方面也都处于世界领先之列。然而先进的文化、发达的经济并没有使苏美尔人高枕无忧。公元前19世纪阿摩利人击败苏美尔人的乌尔第三王朝，建立了以巴比伦城为首都的巴比伦王国，苏美尔古文明随之消亡。但苏美尔人创造的物质文明与精神文明财富并没有销毁，而是被后来者继承下来。特别是文学艺术与科技方面的知识更是被较好地传承下来。

印度河和恒河孕育了古印度。印度河文明在公元前2500年左右出现。由于这个文明最先发源于印度河流域，后来才渐渐扩散到恒河流域，所以这里以印度河文明命名早期古印度文明。印度河文明显然是由邻近地方或古时的村庄演变而来。采用美索不达米亚的灌溉农耕方式，一则有足够的技术在广阔肥沃的印度河流域收获作物，再则可控制每年一度既会肥沃土地又会制造祸患的水灾。印度河文明主要是农业文明，已经驯养的动物有狗、猫、牦牛、水牛、猪、骆驼、马和驴。

印度河文明最令人惊异的是城市里完善的供水和排水系统，其完善程度令今天印度众多的城镇也只能望之兴叹。摩亨佐·达罗和哈拉帕两座古城建于公元前2000年左右。城市的供水系统十分完善。城内不但有水井和下水道，甚至还有冲水厕所与垃圾桶。城市内几乎每家都有水井、浴室、水冲式厕所和下水道。下水道与街巷下的地下排水系统相连，将污水排出城外。西区（又称上区、卫城）建在高达10余米的人工平台上，周围是高10余米的城墙，城内有大厅、大浴池、粮仓等公共建筑。由于印度雨量充沛，许多地方每年的降水量超过2000毫米，因此城市的排水是一个大问题。哈拉帕建有良好的排水系统把雨水排走，还有一些污水坑用来排放污物。有学者认为："印度河的统治阶级以宗教为统治的手段，用沐浴这样的宗教礼仪来加强他们的地位，这个文明可能是由祭司们以和平的宗教方式进行统治的。"[①]

恒河发源于喜马拉雅山南麓和德干高原，流经印度北阿坎德邦、北方邦、比哈尔邦、恰尔肯德邦、西孟加拉邦后，进入孟加拉国，最后注入孟加拉湾。恒河流域是印度文明的发源地之一，被称为"印度的母亲"。它不仅是今天印度教的圣河，也是昔日佛教兴起的地方，至今还有大量佛教圣地遗存。恒河平原在历史上一直是印度斯坦的中心地带，是其连续几个文明的摇篮。阿育王帝国的中心为巴特那（Patna），在比哈尔横跨恒河两岸。恒河在宗教上的重要性可能超过世界上的任何河流。它从远古就受到崇敬，今天则被印度教徒视为最神圣的河流。虽然被称为圣地的印度教徒朝觐之地遍布南亚次大陆，但那些坐落在恒河边上的圣地具特殊的意义。其中有安拉阿巴德附近恒河与亚穆纳河的汇合处，1~3月间举办沐浴节，数十万朝圣者沉浸在河中。据说虔诚的印度教徒终其一身的四大夙愿是到圣城朝拜湿婆神、到恒河洗圣浴、饮

---

① 蒋涛、吴松、秦素粉：《水文化导论》，西安交通大学出版社，2017，第72页。

圣水、死后葬于恒河。他们相信在恒河洗浴，可以洗净他们今天的罪孽，可以求得来生的幸福。洗澡对于他们来说不仅仅是洗净身体的污秽，也是在与恒河神交流。无论春秋寒暑，也不论男女老少，不论贫富贵贱，只为洗净罪孽，只为求得来生。据说在恒河沐浴还可以祛病消灾，延年益寿。由此可见水、河流对于印度人是何其重要，千百年来所形成的水文化多么深厚、多么丰富多彩，令人惊叹。

简而言之，水文化就是与水相关的文化现象与形态。水文化有自身的特征。第一，水文化是以水和水事活动为载体而形成的文化形态。水本身只是一个载体而不是文化。水文化是人们以水和与水相关水事活动为载体创造的一种文化现象。以水为载体，一方面水对人的生命、健康，水对社会政治、经济、文学、艺术、审美以及军事、科学、技术等都具有重要影响和贡献，水承载着人类和社会生存与发展的责任与作用；另一方面水承载着人类对水以及与水相关的各种实践活动。水事活动是人在生产生活中与水发生联系过程中所从事的一切活动。饮水、用水、治水、管水、护水、节水等都是人类社会实践，农业灌溉、水运等也是与水相关的社会实践，其他如亲水、观水、写水、绘水等行为也是与水发生关系的社会实践，例如印度人在恒河的沐浴行为等就是与水紧密相关的亲水社会实践。与水相关的社会实践是水文化形成的基础和发展动力。由于这些实践丰富多彩，与之相对应的水文化也丰富多彩、博大精深。概括来说，水文化就是"以水和水事活动为载体"的文化，离开了水本身，也就没有所谓的水文化。

第二，人和社会生活诸多方面在与水的联系中形成和发展的文化形态也属于水文化范畴。人的方方面面，包括延续生命、自我生存、身体健康、日常生产生活等都离不开水。另外，社会的政治、经济、文化、军事、生态等方面也离不开水，它们与水的联系十分密切。水文化在这些与水相关事物的联系与相互作用中形成和发展起来。水文化存在的基础是水体，如果没有水，也就不存在与水的联系，水文化也就不复存在。研究水与人类生存和发展之关系，研究水与社会文明和发展进步之间的关系是水文化研究的重要内容。

第三，水文化本质上是文化的一种，因此其内涵要素、定义类型与文化基本一致。人、水、物质财富和精神财富是水文化的三大要素。按照文化的定义方式，我们可以对水文化概念进行演绎：水文化是人们以水和水事活动为载体、手段、方式等创造的物质财富和精神财富的总和。从另外一种角度阐释，水文化是水和水事活动在社会文明和经济发展中地位和作用的反映。水文化是人类生活、生产和思维的一种方式。水文化可以表现为与水和水事活动有关的知识、信仰、风俗、法律、艺术、音乐，也可以表现为与水相关各种能力的复合体。

第四，水与人类发展的历史紧密相关，人类的文化内涵与形态丰富多样，所形成的水文化内容可谓博大精深、丰富多彩，既包括如各种水利设施，具有物质载体与表现形态的物质形态水文化，也包括精神形态的水文化，如印度恒河沐浴节所形成的水文化。在印度沐浴节中水是作为一种介质完成某种文化而体现其精神意义。制度形态的水文化是介于物质形态和精神形态之间的另一种文化形态。例如，历朝历代对于水患治理所形成的各种法律及规章制度。在黄河的治理历史中，历朝历代都倾注了大量的人力、物力与财力，为了治理好黄河，出台了大量的法律制度。

第五，水文化具有母体文化的特性。水是生命之源，生命离不开水体。河流几乎是世界上所有民族的母亲河，因而水也是文明之源，与水相关的水文化渗透到所有文化的各个方面、社会生产生活的各个方面。没有水，人无法生存，更无法发展，也就没有文化。因此水文化具有母体文化的特性，许多文化形态都是由水文化衍生而来。

水是生命的物质基础之一。作为一种自然物质形态，它天然与人类有着千丝万缕的联系。可以毫不夸张地说，水从一开始便与人类生活乃至文化历史形成了一种不解之缘。随着人类科技与综合能力的提升，人类开始走出地球到其他星球寻求生命，一个重要步骤就是寻找水，在别的星球中只有发现存在水的痕迹，才有可能找到生命痕迹，由此从科学层面印证了水的重要性。伴随人类的不断进化以及对自然认知的不断加深，水已经逐渐由纯粹物质的层面升华到一种精神层面与境界，成为物质与精神的混合体。从哲学角度而言，水以其原始宇宙学的精髓内涵，以丰富多彩的形式逐渐渗入人类义化思想的意识深层。

《论语·雍也》曰："智者乐水，仁者乐山；智者动，仁者静；智者乐，仁者寿。"因为仁德的人像山一样矗立安宁，智慧的人像水一样流动悠然。水和山的特质完全不同，正如"人一次也不能踏进同一条河流"道出了水不断前行的特征。不管前方是巍峨山川还是山路十八弯，水都能根据前方道路流出自己的形态，它能纳世间万物，它是最温柔的却也是最锋利的存在。水是外表最柔弱、最平静的东西：本质上水最有力量。水滴石穿，最坚硬的东西，都可以被水磨平、被水击穿。水含有了一种智慧，水拥有一种力量。所以，"智者乐水"。河流最能明白世间万物千变万化，所以河流总是以万变应万变。像河流一样的智者不会墨守成规，他们做任何事都能根据情况做出正确的判断，海纳百川。智慧的人总是能吸取八方的知识转化为自己的智慧，像大海一样乐观积极又悠然自得。

对于水性或以水为比喻阐释某种道理的例子比较多。例如，东周战国时相传曾受教于墨子的思想家、法家人物告子在论及"性无善无不善"时，他以水作比巧妙地阐释了自己的观点："性犹湍水也，决诸东方则东流，决诸西方则西流。人性之无分于善不善也，犹水之无分于东西也。"由此可知，对水的习性告子有深刻的了解。荀子所谓："不积跬步，无以至千里；不积小流，无以成江海。"魏征所言："求木之长者，必固其根本；欲流之远者，必浚其泉源；思国之安者，必积其德义。"唐太宗李世民"载舟覆舟"之说等，不但对水的特征有了详细描述而且对水所蕴含的丰富寓意进行了阐释。

水影响了中国文化的产生。以水为介质文化在发展进程中演绎出多姿多彩的面貌。水与河流成为文化内涵中不可或缺的要素。随着历史的演化与人类文明的发展，水逐渐上升为中国文化阐释的一个"对象主体"。在阐释这一对象主体中，文化体系本身也生发出一种特异的、富有诗意的艺术光晕。子在川上曰："逝者如斯夫，不舍昼夜。"表达的是孔子对生命易逝、时光如水、年华不再的慨叹。《庄子》《楚辞》、汉代的乐府民歌、唐诗宋词以及明清小说这些代表当时中国文学最高成就的文学莫不因水得势、借水言志、以水传情、假水取韵。唐代大诗人李白《宣州谢朓楼饯别校书叔云》中的诗句："抽刀断水水更流，举杯浇愁愁更愁。人生在世不称意，明朝散发弄扁舟。"表露的是对现实赤裸裸的不满愤恨，以及如水流般的长恨情绪。"问君能有几多愁，恰似一江春水向东流。"南唐后主李煜的这两句千古浩叹与李白的诗句有异曲同工之妙。在中国文学史上以水描柔情，以水描写怨女、倾诉相思，甚至以水抒发胸臆、思乡怀古之作，自古迄今不胜枚举。"大江东去，浪淘尽千古风流人物"也是以水抒情的千古佳句。

　　源远流长的中华文化从一开始就孕育着思想内容丰富的水文化。《易经》是阐述天地世间万象变化的古老经典，是中国古代博大精深的辩证法哲学经典。源于《易经》之学的易学中有关水文化的论述，阴阳五行说最广为人知。五行即金、木、水、火、土，五行相生相克。阴阳五行说认为水主智，其性聪，其情善，其味咸，其色黑。《三命通会》中"水之性润下，顺则有容""水不绝源，仗金生而流远"对五行之水进行了阐释。《周易·系辞上》："河出图，洛出书，圣人则之。"其意认为八卦乃据黄河、洛河推演出来，后人以此为据，多以河洛解释八卦来源。河图洛书在中国古代是一个重要的词语，本指中国古代流传下来被誉为"宇宙魔方"的两幅神秘图案，从某种意义而言是中华文化、阴阳五行术数之源。易学认为河图洛书的诞生都与水紧密关联。关于河图洛书有一个形象的传说：河图最初出于龙马背上，而洛书处于神龟壳上。与之相对应的是龙马出于孟河，神龟则出于洛河。河图洛书虽然没有确凿的证据证实其存在的真实性，但它却已经成为中国古代历史、古代哲学具有图腾性质的一个符号。水在五行中又被分阳水与阴水。阳水是壬，阴水是癸。阳水为困境、流动、生财、冷、束缚、智慧，阴水为严重束缚、性、色欲、私欲、偷盗。

　　风水是中华民族历史悠久的一门玄术，也称青乌术、青囊术，较为学术性的说法叫作堪舆。风水，从古至今给其下定义的人难以计数。有据可考的历史上最早给风水下定义的是东晋著名学者郭璞。郭璞在《葬书》中云："葬者，乘生气也，气乘风则散，界水则止，古人聚之使不散，行之使有止，故谓之风水，风水之法，得水为上，藏风次之。"郭璞在全文不到两万字的著作中系统阐述了风水理论。风水之术，最初也即相地之术，核心即是人们对居住或者埋葬环境进行的选择和宇宙变化规律的处理。讲究风水的根本目的是达到趋吉避凶的效果。风水学又有阳宅和阴宅之分。"风"是元气和场能，"水"就是流动和变化。风水的核心思想是人与大自然的和谐，达到"天人合一"。由于风无影无形，因而在风水实践中最主要的是水法，水法就是通过调整建筑物朝向以及建筑物之间距离与流水之间的关系，使建筑与水体处于最佳位置，以获得最佳的行运。现代风水中的水不是单纯的水体，而是泛指一切流动的气场，如道路、水管等。古代中国人讲究风水、研究风水，最根本的目的：一是有利于农业生产，二是有利于居住。虽然现在看来风水并没有科学性，但这说明了水文化在古代的存在与影响，从一个侧面说明了中国水文化的博大精深。

水在儒家思想中具有重要的意象及哲学思想表达的隐喻。《论语》《孟子》等较多地提到了尚动之水与行仁、为政和心性等的关系。例如，孟子所言："为政不难，不得罪于巨室。巨室之所慕，一国慕之；一国之所慕，天下慕之。故沛然德教，溢乎四海。"形象地论述了水与为政之间的关系。《孟子》云："人性之善也，犹水之就下也。人无有不善，水无有不下。今夫水，搏而跃之，可使过颡；激而行之，可使在山。是岂水之性也？其势则然也。人之可使为善，其性亦犹是也。"在此是将水比喻人性，认为人向善之心之性，犹如水在上而下流淌一样自然，是一种天性，这阐释了孟子的性善论思想，这一论述对后世影响深远。在孔孟思想关系论述中尚动之水体现出日进不止之水与孔孟自强不息、时时奋斗精神之间的密切关系。

道家以水象征道在流变，柔弱如果以优势策略可以战胜刚强，认为天下"攻坚强者莫胜于水"，即所谓"以柔克刚""柔中见刚"。《老子》所言"上善若水，水善利万物而不争，处众人之所恶，故几于道矣"指出了水与道之间的关系。《太一生水》"太一生水，水反辅太一，是以成天。天反辅太一，是以成地"承袭了老子的尚水思想，体现了在宇宙演化中，太一生成天地之先，水起了关键作用。这一观念与古希腊的泰勒斯认为万物生于水、中国古代的五行学说认金木水火土是生长万物的五种基本元素的观念有相通之处。"太一生水"从某种意义而言是对老子尚水、亲水思想的承袭与发展。

《孙子兵法·第五篇下》中孙子在论述"势"的时候说水之所以能够冲走石头，完全是因为势的原因。孙子汲取他人对"水"的思辨认识，借助古代中国盛行的象形思维方式从水的自然特性体悟到了兵家以柔克刚的战术策略观与以弱胜强的战略发展观。《孙子兵法》借水之形象阐述自己对战争规律的认识，采用明喻类比方式辩证地以水喻兵。例如，《孙子兵法·虚实篇》中

"兵""水"同形之说便是以明喻类比的方式辩证地以水喻兵。"夫兵形象水，水之形避高而趋下，兵之形避实而击虚；水困地而流，兵因敌而制胜，故兵无常势，水无常形。"在中国古代战争史中水攻的例子不胜枚举。例如，汉末三国时期的樊城之战：关羽镇守荆州时立功心切，不听刘备嘱咐出兵讨伐曹操，曹操面对关羽的一路所向披靡开始坐立不安，随后派出大将于禁前往樊城阻击关羽，关羽一时无法前进。关羽想出一计，掘开汉水大堤将于禁的七军全部淹没。关羽水淹七军的故事也得以流传千古。再如，楚汉之争时的潍水之战也是水攻的著名战例。《史记》中有详细记载：齐王田广和司马龙且两支部队合兵一起与韩信作战，他们仓促地渡过潍水追赶韩信。龙且的军队一多半还没渡过河去，韩信下令挖开堵塞潍水的沙袋，河水汹涌而来冲击渡河军队，韩信见状立即回师猛烈反击并杀死了龙且。潍水东岸尚未渡河的部队见势四散逃跑。韩信追赶败兵直到城阳，把楚军士兵全部俘虏。潍水之战是楚汉时期重要的一场转折性战役，扭转了楚汉之间的根本局势，使楚汉之争逐渐明朗化，此战役也成为水攻的著名案例。

水与宗教之间的关系也比较紧密。由于水具有较好的溶解其他物质的特性，因而具有洗净功能。在宗教之中，水往往被认为能洗净人身体及灵魂上的污垢和罪恶。《圣经》记载：创世之初，人类犯下了较大的罪恶，上帝便以滔滔洪水惩罚世人，其中有诺亚方舟的故事。基督教的入教仪式，通过洗礼表示入教人对基督的信仰，并被接纳为教会的成员。这最早源自《新约》施洗约翰在约旦河给耶稣洗礼。基督教认为洗礼是耶稣基督亲自规定的重要礼仪。洗礼分为点水礼和浸水礼。行礼时主礼者口诵经文，用水浸、浇或洒把水滴在受洗人的额上，或将受洗人身体浸在水里，表示赦免入教者的"原罪"和"本罪"，并赋予"恩宠"和"印号"，使其成为教徒。点水礼即施行圣礼的牧师将祝福过的水用手点在受洗者的前额，而浸水礼则是在施行圣礼的牧师主持下，将受洗者全身浸入水中。《圣经》中多处记载耶稣施行过许多与水有关的神迹。例如，在加纳的一场婚宴中，耶稣将水变成了酒让众人喝。此外，他还有多次在水面上行走的神迹。

信奉印度教的人有一个信念，无论距离远近、无论年老年少，一生中必须到瓦拉纳西以恒河之水沐浴一次，洗净一身的罪恶，才能算是一个合格的印度教教徒。在一部关于印度教的经典中曾有这样的话语：恒河是赎罪的根源。在人的一生期间积下超过百万次的罪过，只要一接触到充满恒河之水气的一阵风，罪过便消除了，人就赎罪了。这部经典大约成书于公元前300年。自此后无数印度教教徒克服千难万险来到恒河进行所谓赎罪的洗浴。直到现在我们每天都可以看到总有数千名教徒在河水中沐浴并饮用河水，以求得到赎罪的功效，得到心灵的解脱。水在印度的历史与宗教中占有重要的地位，自古如此。

水在人类生存与发展中具有不可替代的重要作用。远古初民对水体产生了崇拜之情。农耕社会农作物的生长离不开水，农业丰收全靠风调雨顺。然而由于天气变化多端，洪涝灾害与旱灾成为农业生产中不得不面对的难题。由于生产力发展水平与人们的认知水平有限，人们相信神灵控制着水，控制着江河湖海，因而人们的水崇拜神灵化和人格化，水崇拜与水文化便在民俗活动中得以体现。

岁时在民间文化中传承性较强，而在岁时民俗中包含着对水的崇拜，从而体现出民族水文化。中国传统节日龙抬头节，农历二月初二，俗称青龙节，是我国农村的一个传统节日。中国民间认为，龙是吉祥之物，主管云雨，而农历"二月二"这天是龙欲升天的日子。俗话说："二月二，龙抬头，大家小户使耕牛。"龙抬头节日的来由，据传说武则天废唐立周称帝，惹得玉帝大怒，命令龙王三年不下雨。龙王不忍生灵涂炭，偷偷降了一场大雨。玉帝得知便将龙王打出天宫，压于大山之下，黎民百姓感龙王降雨深恩，天天向天祈祷，最后感动了玉皇大帝。玉皇大帝在二月初二这一天将龙王释放，于是便有了"二月二，龙抬头"之说。察其根源是因为过去北方农村水利条件差，春雨贵如油，农民非常重视春雨，庆祝"龙头节"，以示敬龙祈雨，让老天保佑丰收，从其愿望来说是好的，故"龙头节"流传至今。

上巳（sì）节，俗称"三月三"，是中国民间传统节日。上巳节是古代"被除畔浴"活动中最重要的节日。农历"三月三"这一天春暖花开，村民们结伴去水边、河边、湖边沐浴，称为"被禊"。为了增加乐趣或仪式感，增加了祭祀宴饮、曲水流觞、郊外游春等内容。被禊是中国汉族的民俗，源于古代"除恶之祭"，指去灾病，上古女巫给去晦。以前由于条件所限，人们是在水边河边沐浴，用兰草洗身，同时举行用柳枝沾花瓣水点头身的仪式，为去灾祝福之意。唐宋时贵族阶层或有条件的地区流行泡温泉。曲水流觞是古代文人或士大夫阶层经常举行的一个活动，是一个雅致的喝酒游戏。众人坐于环曲的水边，盛着酒的觞被放置于流水之上，这里的流水一般是指和缓的流水，盛着酒的觞在水上不会倾覆。任凭盛着酒的觞顺流漂下，停在谁的面前或脚下，谁就要将杯中酒一饮而尽，并赋诗一首，否则罚酒三杯，以此为乐。这一传统还有许多变种，我们在《红楼梦》中可以看到这种游戏的影子。

日本平安时代受到唐朝上巳节（三月三）"曲水流觞"风俗的影响，人们用纸做成人形状，表示自己身体的不适可转移到人形上，然后放入河水中漂走。日本深受中华文化的影响，当前日本有些地方还保持这种习俗，在当晚把各式各样的人形娃娃放入水中，让其随着河里漂流，祈求健康、平安。日本的男孩节则定于端午节。《周礼》郑玄注："岁时祓除，如今三月上巳如水上之类。"《论语》："暮春者，春服既成，冠者五六人，童子六七人，浴乎沂，风乎舞雩，咏而归。"这些写的就是当时祓禊的情形。祓禊，就是到水滨去洗濯，去除宿垢，同时带走身上的灾晦之气，有祈福的意义。《后汉书》中有云"是月上巳，官民皆洁于东流水上，曰洗濯，祓除去宿垢疢为大洁"。文中所言洗濯、祓除去宿垢疢为大洁就是以流水洁净身体、让灾厄与疾病随水同去的一种风俗。有人认为上巳节起源于先民的生殖崇拜活动。在古代人们对于性并没有太多禁忌，生殖崇拜是一种普遍现象。陶思炎认为祓禊活动本是男女春日相欢、妇女祈孕的信仰行为，而持兰草或香薰草药沐浴，目的是唤起性欲或吸引异性。即使在民国时期，中国南方的一些少数民族妇女还有在河边洗浴、在河边裸体晒日光浴的习俗。水是神秘的感生物质，妇人在河边或水中不仅欲洗去冬日的尘垢，同时也盼触水感孕而得子。在古代，怀孕生子是女人非常迫切的期盼。这种与原始的宗教相关的近水祝殖信仰，从某种意义而言是三月上巳日祓禊风俗的真正缘由。

端午节，又称端阳节、龙舟节、重午节、龙节、正阳节、天中节等，源自天象崇拜，由上古时代祭龙演变而来。仲夏端午，苍龙七宿飞升至正南中天，是龙飞天的吉日，即如《易经·乾卦》第五爻的爻辞曰"飞龙在天"。端午节的来历有许多种，其中之一是源于浴兰节说。古人五月采摘兰草，盛行以兰草汤沐浴、除毒之俗。《大戴礼记·夏小正》:"五月……煮梅为豆实也蓄兰为沐浴也。"屈原《九歌·云中君》:"浴兰汤兮沐芳华采衣兮若英。"南朝梁人宗懔《荆楚岁时记》云:"五月五日谓之浴兰节。"此俗流传至唐宋时代又称端午为浴兰之月。赛龙舟是端午节的一项重要活动,在中国南方十分流行,尤其是广东地区,广东地区称之为扒龙船。它最早是中国南方古越族人祭祀水神或龙神的一种祭祀活动,其起源有可能始于原始社会。赛龙舟历史十分悠久,已流传两千多年,是多人集体划桨竞赛,通常在喜庆节日期间举行,是中国民间传统水上体育娱乐项目。

祈雨,又叫求雨。祈雨是农耕社会一种围绕农业生产、祈禳丰收的巫术活动。祈雨巫术同其他巫术一样曾广泛存在于世界各地区、各民族的历史中。巫术利用和操纵某种超人的力量来影响人类生活或自然界的事件,大多具有某种功利目的。日本的原始部落、北美印第安人、澳洲的土著毛利人、俄罗斯的先民以及其他一些地区都曾经有专门的祈雨法师来控制雨水的降落。这是在天气预报及科技水平相对有限的时代人们面对天气干旱情况而采取的一种行动,从效果而言主要在于心理层面。祈雨活动或仪式有悠久的历史,即使到了近代甚至现代,在一些偏远落后地区这种巫术活动仍然存在。由此可见祈雨活动的某种根深蒂固性。

祈雨作为一种民间活动作为,是中国农民生活的真实写照,早在中国西汉时期历史就有记载。在恶劣的自然生活环境中渴望风调雨顺、五谷丰登,是老百姓的一种自然期盼。由于我国北方地区经常遭遇旱灾,面对干旱无雨,人们为了生存和生活,在当时的历史条件下只能烧香祷告,祈求上天使威生云、生雨救民。《晋书·礼志上》:"武帝咸宁二年春分,久旱……五月庚午,始祈雨於社稷山川,六月戊子,获澍雨。"《太平广记》(卷三四二)引唐薛用弱《集异记·赵叔牙》:"通状祈雨,期三日雨足。"清厉鹗《东城杂记》:"信州怀玉山有画罗汉,郡中每迎请祈雨。"世界各地的祈雨风俗各不相同。山东主要的祈雨习俗有三类:祭神祈雨、敬龙祈雨、乐舞祈雨。祭神祈雨一般在麦收季节过后举行,祭日因神而异、因社而异,其规模也以社大小而定。主要活动有祭天神、祭山、晒关公等。旧时每遇大旱,通常由官绅主持,率众祷于龙神庙,一般是庙祭。祈雨期间有的地方还要禁屠食素数十日。民间有些祈雨活动从一开始即以乐舞的形式表现出来，活动中人们又跳又唱，并伴有音乐，后来内容和形式不断丰富，逐渐发展成为民间文化艺术的一种，如临沂的舞龙秧歌、邹城阴阳板和平阴加鼓通等。祭山祈雨以泰山最为典型。泰山因其高，气候产生垂直变化，山上多云雨，山下少雨水，因而被认为是"出云导雨"的神山。《春秋公羊传》云："触石而出，肤寸而合，不崇朝而遍雨乎天下者，唯泰山尔。"故上泰山求雨，祈求风调雨顺、国泰民安，也是帝王祭祀的重要内容。

第二节　文脉与线性文化遗产带

线性文化遗产主要是指拥有特殊文化资源集合的线形或带状区域内的物质文化和非物质文化遗产族群或集合体。通常而言，具有线性特征的沿运河、道路以及铁路线等形成的文化遗产族群都是线性文化遗产带的重要表现形式。线性文化遗产是世界遗产的一种形式。目前无论国际还是国内对于线性文化遗产的概念还没有形成明确、统一的共识。不同学者从不同角度对线性文化遗产的定义给出了自己的阐释。例如，学者单霁翔在《大型线性文化遗产保护初论：突破与压力》一文中对线性文化遗产概念进行了阐释或尝试界定："线性文化遗产是由文化线路衍生并拓展而来，主要是指在拥有特殊文化资源集合的线形或带状区域内的物质和非物质的文化遗产族群。往往出于人类的特定目的而形成一条重要的纽带，将一些原本不关联的城镇或村庄串联起来，构成链状的文化遗存状态，真实再现了历史上人类活动的移动，物质和非物质文化的交流互动，并赋予作为重要文化遗产载体的人文意义和文化内涵。"[①]

遗产廊道与欧洲文化线路相对应，概念起源于美国的阿迪胡达克公园建设理念。阿迪胡达克公园是美国本土最大的一个公园，面积600万亩，最初是阿迪胡达克公园提出了"绿线公园—国家保护区—绿道"建设理念，这一理念逐渐进化形成遗产廊道概念。遗产廊道顾名思义是拥有特殊文化资源如物

---

① 单霁翔:《大型线性文化遗产保护初论：突破与压力》《南方文物》，2006年第3期。

质文化遗产或非物质文化遗产集合的线性景观；在美国，通常是指具有适应性再利用的老建筑走廊，蓬勃发展的旅游点集合体，经济、娱乐及环境改善的地带。遗产廊道将文化意义置于首位，遗产廊道是集合历史、文化、自然、经济等多目标的综合体系，是一种线性化的遗产区域，同时是一种区域化遗产保护战略方法"遗产区域"的线性表达。与局部保护不同，在保护方面廊道保护采取区域而不是单独保护的观念与策略。当然遗产廊道的存在必须具备某些客观条件。

1961年美国科德角海滨区以最大程度保证当地"活态景观"原真性为由率先采用"分区"模式，促进了"绿线公园"的诞生，成为遗产廊道史上的创新举措，加快了遗产廊道的发展历程。绿道本质上就是一种呈线性形状、两边充满植物绿色的绿线公园。"绿道"1995年由绿线公园之概念逐渐进化并迅速引起公众的注意，并得到大家认可。绿道的主旨思想是基于在更大范围内保护诸如水资源、植被、特色树木等线性文化资源。20世纪70年代作为景观设计概念的绿道进入大众的视野，起初的含义是一种与景观相交叉的人为开发的走廊。"green"表示绿色，包括诸如森林河岸、野生动植物等。"way"本意是指道路或小路。绿道一般是林荫小路，供行人和骑单车者（排斥电动车）进入的游憩线路，是一种线形绿色开敞空间。在美国一般是沿着河滨、溪谷、山脊、风景带等自然道路和人工廊道建立，具体而言一般是指供行人和骑单车者（排斥电动车）进入的游憩线路、林荫小路等。在绿道建设方面，美国、英国、德国、新加坡以及国内一些地方都有比较成功的实践。根据形成条件与功能的不同，绿道可以分为城市河流型（包括其他水体）、游憩型、自然生态型、风景名胜型、综合型五种类型。

英国、德国、美国等国将古迹胜地、文化广场、公园等文化元素进行串联的景观轴线和林荫大道是线性文化遗产相关概念出现的早期背景。国际上，美国是率先在这一领域展开实践研究的国家。美国最著名的规划师和风景园林师之一奥姆斯特德于20世纪初将波士顿公园绿道系统改造成为一个集遗产保护、休闲娱乐、体验健身于一体的线性景观体系。奥姆斯特德被认为是美国风景园林学的奠基人。基于奥姆斯特德的巨大影响力，他的设计作品与设计理念逐渐引起业界重视，他的绿道系统与之后的绿道网络系统和遗产区域一同奠定了美国以线性自然廊道为框架的线性遗产保护体系。

众所周知美国的伊利诺伊和密歇根运河国家遗产廊道不但是美国也是全世界第一条国家遗产廊道。伊利诺伊—密歇根运河，是美国中北部伊利诺伊河与密歇根湖的联络运河，1836年至1848年开凿，长154千米，深2.7米，联系密西西比河与五大湖航运。为了建设此遗产廊道，专门的组织或政府机构对遗产廊道提名进行评价，制定专门的保护法律，后由议会审议通过，从制定、规划及管理过程都有法律保障并得到政府各方面的大力支持。

遗产廊道是美国针对线性文化遗产及其环境提出的一种战略保护方法，是一种体系或系统，而不是单个项目的遗产保护，同时也是美国"遗产区域"的一种表现形式。遗产廊道在保护区域内活态景观、增加就业机会、增强地域认同、振兴当地经济、提高居民生活质量以及提供公众游憩空间等许多方面起到了积极的正面作用。现在遗产廊道保护工作在美国已经比较成熟，美国国家公园管理局通过协调与引导并依据美国国家环境政策法、美国国家历史保护法、各遗产区域相关授权法，对遗产区域的行动计划、政策法规、建设目标、发展战略等应遵循的基本准则有完善的规定与阐释。

对于遗产区域的范围、种类等，学者及政府相关部门曾展开讨论，最后也形成了相对一致的共识："为了当代和后代的利益，由居民、商业机构和政府部门共同参与保护、展示地方和国家的自然和文化遗产的区域。遗产区域包括较大尺度的独特资源，可以是河流、湖泊或山脉等自然资源类型；又可以是运河、铁路、道路等文化资源类型；还可以是废弃废旧的工厂、矿地等文化资源。"[①] 从这一段表述中我们可以看到遗产区域项目的参与者是普通居民、商业公司以及政府。这是项目建设、运营成功的核心参与者，离开任何一方都难以进行下去。没有居民参与，物质遗产就失去了存在的意义。没有商业公司参与，项目的管理及财务难以为继。没有政府参与，从法律、土地等方面就得不到有力支持。因此三方参与，缺一不可。这一共识不但重视人与土地之间的互动关系，而且还特别强调通过对地方历史文化文物、自然和游憩资源进行综合保护与利用，最终实现遗产保护、经济发展、重建区域身

---

① 朱强、李伟:《遗产区域：一种大尺度文化景观保护的新方法》《中国人口·资源与环境》2007第17期。

份、提供游憩机会等多重目标。扩大了遗产区域的类型，运河、铁路、道路、废弃废旧的工厂、矿地都可以成为廊道，而不仅限于河流、湖泊或山脉等自然资源以及历史古迹等。区域范围扩大、种类增多，对于旅游、社会风貌、人文素养等各个方面都有正面影响。有学者认为只要有足够财力、人力与物力，遗产区域越大越好，种类越多越好。

　　文化线路概念起源于欧洲。世界遗产委员会在《世界遗产公约行动指南》中指出，文化线路遗产反映了一定时间内国家和地区之间人们的交往，反映了多维度的商品、思想、知识和价值的互惠和持续不断的交流，反映了人们的迁徙和流动。第一条由欧洲委员会1987年认证、1993年被列入世界文化遗产名录的欧洲文化线路"圣地亚哥·德·孔波斯特拉朝圣之路"是国际古迹遗址理事会建立文化线路体系的基础。圣地亚哥·德·孔波斯特拉在整个中世纪是成千上万虔诚朝圣者们向往的圣地，是一生必到的地方。朝圣者从欧洲各地蜂拥至此，为了到达西班牙，他们必须历经辛苦穿越法国。被国际古迹遗址理事会列入世界遗产的项目包括一系列重要的历史古迹，同时标出了朝圣者穿越法国的路线。入选该项目的世界遗产，包括在这些线路上的各种教堂、修道院、学校、医院、旅馆、桥梁、支石墓、小路等共78处，其中包括已单独列入世界文化遗产的圣米歇尔山、韦兹莱大教堂、亚眠大教堂、布尔日大教堂。面对圣地亚哥·德·孔波斯特拉朝圣之路这一新的遗产类型，世界遗产中心在借鉴欧洲委员会文化线路体系近十年来的研究成果，委托国际古迹遗址理事会（ICOMOS）对圣地亚哥·德·孔波斯特拉朝圣之路这一新式类型遗产的定义、认证以及保护措施进行了研究、总结与阐释。

　　1965年在波兰华沙成立的国际古迹遗址理事会是世界遗产委员会的专业咨询机构。该组织在审定世界各国提名的世界文化遗产申报名单方面起着重要作用，是古迹遗址保护和修复领域唯一的国际非政府组织。委员会组成成员由世界各国文化遗产专业人士或资深研究人员组成。20世纪末期国际古迹遗址理事会以及欧洲许多国家，根据各国国情，以欧洲遗产体系为背景相继设立了各自的文化线路体系。欧洲区域旅游产业伴随一条条文化线路的建成得到发展。人们逐步认识到遗产保护对文化、经济发展及生活发展水平、社会综合发展的促进作用，从而掀起世界范围内线性文化遗产研究与相关建设的潮流。

文化线路科学委员会是国际古迹遗址理事会之后于1998年成立的相关研究机构。该机构的成立标志着以"交流和对话"为特征的跨地区或跨国家的文化线路作为新型遗产理念被国际文化遗产保护界所认同。2005年10月在中国西安召开ICOMOS第15届大会暨科学研讨会，会议将文化线路列为四大专题之一，最终通过了《文化线路宪章（草案）》的决议，形成了国际文化遗产保护领域的共识性文件《西安宣言》。

《实施世界遗产公约操作指南》由教科文组织遗产中心在2005年颁布。该指南将各类线性文化遗产以"遗产线路"的形式列为世界文化遗产的特殊形式。《关于文化线路的国际古迹遗址理事会宪章》，即《文化线路宪章》，是2008年10月在加拿大古城魁北克召开的国际古迹遗址理事会第16届大会通过的文件。该文件的发布标志着文化线路正式成为世界遗产保护的新领域。《文化线路宪章》将文化线路定义为："任何交通线路，无论是陆路、水路，还是其他形式，拥有实体界限；以其自身所具有的特定发展动力和历史功能为特征，以服务于特定的、十分明确的用途；且必须满足：它必须是产生于也反映了人们之间的相互往来，以及贯穿重大历史时期的人类、国家、地区甚至大陆之间的货物、思想、知识和价值观的多维度的持续的相互交流；也因此必须促进了其所影响的文化在时间与空间上的杂交融合，并通过其有形的和无形的遗产反映出来；与线路存在相关的文物和历史关系，必须已经组成了一个动力系统。"[1]截至2008年《文化线路宪章》60多个缔约国已确认30多条文化线路，以备推荐给世界遗产委员会，其中包括中国的丝绸之路、大运河两项。

欧洲的一体化从多个方面展开，最初是经济联盟。随着经济社会的发展，欧洲特别是欧盟的一体化发展得以从多个方面展开。以文化合作形式提升对欧洲一体化和文化多元化认同，通过鼓励文化间的交流，协助调解地区矛盾，保护欧洲文化多样性，促进欧洲各国的全面一体化是欧洲文化线路的

---

① 丁援:《国际古迹遗址理事会（ICOMOS）文化线路宪章》,《中国名城》2009年第5期。

主要目标。文化线路包含了不同形式的遗产表现形式并具有时代特征，是一种复杂的遗产形式与区域计划，因此在规划及实施过程中必须综合考虑跨地域间、不同民族间、跨国家、社会状况，以及文化交流、宗教交流融合、旅游、经济发展、创新与可持续等多方面问题。2002年《马德里共识》对"文化线路"提出三点共识：揭示文化遗产非物质的、富有生机的动态维度，超越其物质内容；强调动态性和历史文脉传承性；明确遗产价值地位，在世界领域推广。2003年《保护遗产公约》强化了其三个特征：它是人类流动和迁徙的路线，具有动态性；作为一种带状、线性文化遗产景观，具有多维度性；多元、多层次价值结构体现文化价值、生态价值、精神价值。关于遗产定义、类型、线路判别、真实性与完整性、评价方法等，2008年渥太华国际古迹遗址大会通过的《文化线路宪章》做了详尽表述。2010年欧洲委员会部长委员会通过第53号决议——《建立文化线路扩大局部协定》，将"欧洲文化线路"的定义写入协定，他们认为文化线路是具有文化、教育特征的遗产与旅游合作框架，旨在通过促进某一条或是某一系列基于历史旅程、文化概念、旅行线路以及人物或现象的路线的发展，帮助理解并尊重其具有重要国际意义的共同欧洲价值观。日本学者 Sugio K. 将线路环境依据线路类型、长度、形状等分成了四类：线路位置；核心区；一级缓冲区；二级缓冲区。

对于线性文化遗产的研究除了美国最早展开外，欧洲、加拿大、墨西哥、日本等发达国家也有类似的研究。虽然不同国家对遗产区域种类和范围有不同程度的理解与规定，但在保护手段及保护原则与理念方面大致相同。国外对线性文化遗产的研究主要是从以下几个方面进行：有学者研究线性文化遗产旅游项目对经济的影响。经济是否能持续保障对于线性文化遗产项目十分重要。如果没有持续的输血，任何项目都难以为继。在现实中许多旅游项目在建造前没有进行严格周密的调研而仓促上马，建成后乏人问津，最后无力维持正常运营只能关门歇业，最终结果是浪费了大量社会资源。成功的例子也有许多。美国黑石河峡谷国家遗产廊道就是一个很好的范例，相关机构通过多样化的管理与组织机构建立区域化的解说系统，用绿道连接河谷地区形成线型廊道。克里夫兰市位于美国的中部，俄亥俄州的东北部。城市靠近伊利湖南岸，并横跨库亚霍加河口。库亚霍加河从市中心穿过，将城市分为东、西二城。其地理位置也十分重要，是美国中部地区的交通要道。克利夫兰的最大公园是占地273英亩的洛克菲勒公园，由大资本家老洛克菲勒捐献。它包括19座文化公园组成的公园系统，结合风景和雕塑，反映了克利夫兰市民的不同民族渊源。洛克菲勒公园中还有建于1916年的莎士比亚花园。戈登公园有克利夫兰水族馆，布鲁克赛德公园是美国五大动物园之一的克利夫兰动物园所在地。整治克里夫兰俄亥俄和埃里克运河遗产廊道对于克利夫兰市的复苏与发展起到推动作用。在规划、建设与构建廊道时，大力实现雨水治理、文化遗产的保护、社区环境改善与经济振兴的多重目标与协调发展。研究者通常以问卷、访谈、邮件等形式对游客进行相关调查与数据分析，运用模型评析遗产旅游对当地的经济影响。经济影响主要包括就业市场、酒店收入、门票收入、交通运输、税收以及其他相关领域的财经影响。许多学者用定性的方法从遗产廊道、线性文化路线的评估开展研究，分析总结出影响遗产廊道发展的重要因素。有学者采用随机指数图模型证实社交网络分析对遗产项目评估的有效性。另外，有许多学者从遗产线路的开发、遗产产品营销及制约因素等方面提出如何提升廊道经济价值、文化价值的相关建议与策略。也有学者从美学、艺术学、考古学、管理学等角度对遗产廊道和文化线路展开多角度、多层面的相关研究。

人们对于文化遗产、旅游、经济发展与居民生活水平的探索从没有停止，将这几个因素或方面结合起来综合开发利用一直是人们努力的方向。将欧洲重要文化遗产融入居民休闲文化，通过旅游重新发掘共同的遗产、文化互动、宗教间的对话、景观的保护发展从而加强文化合作是欧洲文化线路发展的宗旨之一。相关组织建立了第一个关于文化线路认证标准，提出以历史人物、迁移事件以及关于欧洲哲学、宗教、艺术、科学、技术、商业活动的传播过程为主题的文化线路三个基本类型。欧洲拥有悠久的历史与灿烂的文化，其文化遗产、旅游资源、科技、艺术等资源非常丰富，这种基于主题而非其他因素的认证方式使得"欧洲文化线路"的制定过程、标准文本体现出极大包容性和灵活性，对于丰富线路内容、增强路线的整体影响力、推进特色文化旅游发展都十分有益。"欧洲文化线路"多元化的主题展示了欧洲丰富、多元的文化底蕴，在文化线路制定过程中出现多种极具特色的主题类型，给予文化线路这一遗产类型丰富的研究范例。例如以特定艺术风格为主题的文化线路，有"史前岩画路线""罗马风之路""新艺术运动网络"等。欧洲史前岩画路线主要分布在野兽经常出没的法国中南部山谷地带的洞穴、西班牙与北欧山区洞穴内或崖壁上，以及便于人类迁徙的地方。欧洲的农业也拥有悠久的历史，有许多以种植业相关景观为主题的文化线路。"橄榄树之路""葡萄种植园之路"等是具有世界知名度的著名文化线路。每当夏季来临，路德维希峰顶别墅附近便会启动瑞特堡山间索道，求"新"若渴的观光客只需几分钟时间便能乘着电动座椅到达瑞特堡（Rietburg）。站在544米的高处远眺，莱茵平原的美景尽收眼底。拥有300年历史的琼瑶浆（Traminer）葡萄山庄是欧洲最古老的葡萄种植园，也是瑞特堡山下小镇 Rhodt 附近普法尔茨人引以为傲的欧洲之最。而一条名为特蕾莎（Theresienstrae）的小街两旁满是整齐划一的栗子树和藤蔓缠绕的葡萄采植者之家，如诗如画，被称为远近闻名最美的乡间小道。以欧洲著名人物生平为主题的文化线路，如"罗伯特·路易斯·史蒂文森之路""欧洲莫扎特之路""拿破仑之路"以及"席克哈特之路"。莫扎特曾经先在慕尼黑的巴伐利亚选帝侯的宫殿里演奏，受到极大赞誉，之后老莫扎特又领着小莫扎特，沿着莱茵河，先后到达乌尔姆、法兰克福、科布伦茨、波恩、科隆和亚琛等进行音乐巡回演奏，后到巴黎等著名的大城市等。莫扎特所走过的路成为一条侧重音乐艺术的文化线路，成为许多莫扎特迷和音乐迷钟爱的线路。

东南欧地区地处欧亚交汇地带，较早与埃及、两河流域文明发生联系，在历史上是一个语言、宗教、民族、文化、国家边界、风俗习惯等充满融合与冲突、情况极其复杂的地区。极大的文化多样性使该地区拥有世界上独一无二的文化遗产。在文化线路建设方面东南欧也取得不错成绩。2003年该地区各国领导首次齐聚在马其顿遗产地奥赫里德湖畔，发表声明一起促进区域文化遗产的共享。各国领导人一致决定通过开放不同信仰间的对话来增强民族间的相互尊重。2005年以"东南欧文化廊道——打开未来合作之门的钥匙：共同的过去与共享的遗产"为主题的区域论坛在保加利亚瓦尔纳举办。此后，2006年在克罗地亚奥帕蒂亚、2007年在罗马尼亚锡比乌分别举办区域峰会，就完善整个东南欧文化廊道体系以及就如何进行区域遗产利用、文化多样性保护进行了探讨。

东南欧文化廊道致力于推动以遗产为媒介的区域内基础设施建设、可持续发展、文化多样性、特色地域景观建设。东南欧文化具有自身的特性，东南欧文化廊道独立于国际古迹遗址理事会下属文化线路委员会与欧洲文化线路委员会。东南欧所规划建设的每条文化廊道包含多个跨越地区的多条线性文化遗产。该地区文化廊道制定了有关文化廊道的概念框架，建立了区域联合专家网络并与其他线性文化遗产体系相互合作来推动既定目标的实现。

线性文化遗产是一种整合自然生态、文化遗产形成线状空间布局的遗产类型。它能够通过某种元素或方式将不同区域之间连接起来，使之成为一个整体。区域间的整合带来了新的政治、经济和社会发展机遇。虽然中国对于线性文化遗产概念的研究与欧美国家相比起步较晚，但并不代表中国就没有这方面的意识。其实有关丝绸之路的相关记载与线路研究早在《史记》《汉书》以及之后各朝代的史籍古册中就已存在。只不过没有运用线性文化的系统概念而已。20世纪以来，陈寅恪、方豪、陈垣等学者从历史、文化、中西交流等方面对丝绸之路等进行了研究，为后来的线性文化遗产研究打下了坚实的根基，也为近年来国内相关研究快速发展奠定了学术基础。客观而言，2000年之后国内学者才开始以国外成熟的线性文化遗产体系为理论依据对具有鲜明线性特征、知名度极高的茶马古道、大运河等线性文化遗产的管理、发展模式进行研究，开始了以系统性眼光研究中国线性文化遗产之路。2006年学者吕舟在《文化线路构建文化遗产保护网络》中提出了建立遗产网络以及保护与管理体系的观念。2006年单霁翔发表关于遗产保护方面的学术论文《遗产廊道——一种较新的遗产保护方法》。在文章中单霁翔第一次将美国国家公园管理局"遗产廊道"概念引入国内，同时他对"遗产廊道"的概念、认证标准、法律保障与管理体系以及保护重点等相关内容进行了较为详细的介绍。在文中他还根据中国的实际情况提出了结合遗产与文化景观建立具有中国特色"遗产廊道"带动城市和乡村文化旅游业发展的新思路。《文化线路宪章》颁布后在国内引起极大关注，各种学术会议与论坛相继召开，特别是2009年中国文化遗产保护无锡论坛《"文化线路"会议论文集》的出版让越来越多的人关注到线性文化遗产保护问题，由此在国内掀起了文化线路的研究热潮。《作为遗产类型的文化线路——〈文化线路宪章〉解读》一文由王建波、阮仪三于2009年发表，这是在《文化线路宪章》颁布之后国内对其最早也是最为详尽的介绍。同年国家文物局前局长单霁翔发表《关注新型文化遗产"文化线路遗产"的保护》一文，引起国内遗产管理机构如文物局等的普遍重视。

与此同时，国内针对美国"遗产廊道"理论体系、管理体系和美国实践案例的研究也越来越多。《遗产廊道与大运河整体保护的理论框架》《美国伊利运河国家遗产廊道的保护与可持续利用方法及其启示》《美国国家遗产廊道的保护——以黑石河峡谷为例》《美国国家遗产廊道（区域）模式溯源及其启示》《基于遗产廊道构建的城市绿地系统规划探索》《遗产区域：一种大尺度文化景观保护的新方法》《美国国家遗产区域管理规划评述》《廊道遗产：概念、理论源流与价值判断》等都是这方面的研究成果。另外，有学者开始通过"遗产廊道"体系为我国线性文化遗产的发展与保护寻求新的思路。《对丝绸之路（新疆段）遗产廊道文化景观进行视觉建构意义的研究》《中国大运河工业遗产廊道构建：设想及原理》《藏彝走廊与遗产廊道构建》《美国国家遗产廊道的动态管理对中国大运河保护与管理的启示》《"文化廊道"及旅游开发：一种新的线性遗产区域旅游开发思路》《国际法视野下的跨国"线性文化遗产"保护》《我国大型线状文化遗产的研究态势——基于核心期刊的统计分析》《基于层次分析法的京沈清文化遗产廊道构建》《城乡规划遗产廊道研究信息统计分析》《发生学视角下的大运河遗产廊道构成》等研究成果为我国线性文化遗产的研究和建设奠定了基础。

2014年6月22日，在第38届世界遗产大会上中国的"大运河"与"丝绸之路——西安天山的路网"被宣布一同入选《世界遗产名录》。京杭大运河是我国古代劳动人民创造的一项伟大工程，属重要的人类遗产。包括隋唐大运河、京杭大运河、浙东运河在内的三大部分十段河道被列入世界文化遗产，成为中国第46个世界文化遗产项目。大运河历史上多次改道，涉及的范围很广泛。最终列入申遗范围的大运河遗产分布在北京、天津两个直辖市以及河北、山东、河南、安徽、江苏、浙江6个省，共25个地级市。申报的系列遗产由于各种客观因素的制约，分别选取了各河段的典型河道段落和重要遗产点，相关遗产共计58处，包括河道遗产27段，总长度1011千米。大运河遗产范围内包含的遗产类型除了仓窖、驿站、行宫、会馆、衙署、钞关等大运河的配套设施和管理设施，以及一部分与大运河文化意义密切相关的古建筑、历史文化街区等之外，还包括闸、堤、纤道、码头、河工、坝、桥、水城门等与运河工程紧密相关的水工遗存。这些遗产区域的遗产区总面积为20819公顷，缓冲区总面积为54263公顷。大运河始建于公元前486年，包括隋唐大运河、京杭大运河和浙东大运河三部分，是中国古代南北交通的大动脉，至2021年大运河历史延续已2500余年，是世界史上珍贵的运河遗产之一。

丝绸之路是近2000年以来为人类的共同繁荣作出重要贡献，促进东西方文明与文化融合、交流和对话之路。丝绸之路的东方起点虽然在中国，但历史上它却是一条国际交流之路。因此中国、哈萨克斯坦、吉尔吉斯斯坦三国联合对"丝绸之路：长安—天山廊道的路网"申报世界遗产，并在第38届世界遗产大会上获得成功。中国与吉尔吉斯斯坦、哈萨克斯坦联合提交的这一文化遗产项目，正式列入世界遗产名录。这是我国第一个跨国联合申遗项目，是世界上第一段列入遗产名录的丝绸之路遗产。丝绸之路沿途文化遗存众多，其类型包含了古道、驿站、关隘、烽燧、长城、城堡、墓葬，还包含亚洲大陆上不同历史时期的诸多帝国或汗国的都城或宫城、中心城镇、商贸聚落或城镇、佛教石窟寺等考古遗址和多种宗教建筑与遗存。

丝绸之路沿途的地貌特征极其丰富，拥有高山与平原、绿洲与河谷、森林与草原、沙漠和戈壁等亚洲内陆极富特色的地貌景观，成为丝绸之路文化遗产线路上的自然生态景观。而分布于丝绸之路沿线的一系列都城、中心城镇和聚落遗址，虽然现在许多已经没落甚至名存实亡，但它们为亚洲大陆尤其是中亚地区在约18个世纪中诸多业已消逝或发展演变的古代民族及其文明，以及东亚地区延续至今的华夏文明都提供了特殊的见证。这些文化遗产，或曾经是城堡，或曾经是军事要塞，或曾经是集市市镇，它们的存在揭示了亚洲历史上特别是西亚、中亚与东亚中原农耕文明、草原游牧文明、西域绿洲文明之间的交流、冲突、兼容、融合等对话过程，以及这一过程所经历的若干重要历史阶段与突出的多元文化特性。

世界遗产委员会对丝绸之路如此评价：长安—天山走廊的路网是路网跨距近5000千米的丝绸之路的一部分，从中国汉唐中央首都长安和洛阳延伸到中亚的 zhetysu 地区（七河地区）。丝绸之路形成于公元前2世纪至公元1世纪，一直使用到16世纪，将多种文明联系起来，并促进在贸易、宗教信仰、科学知识、技术创新、文化习俗和艺术方面的广泛活动与交流。路网中包含的33个组成部分，包括首都和各帝国和汗国的宫殿建筑群、贸易定居点、佛教洞穴寺庙、古径、驿站、通道、灯塔、长城部分、防御工事、坟墓和宗教建筑。

大运河及丝绸之路遗产的申遗成功从某种角度反映了现阶段世界文化遗产保护领域的发展趋势的转变，已由早期注重"单体——历史街区——历史城镇"的孤立式保护，如故宫、三孔、苏州园林等，转向更大尺度规模的保护模式发展。而以线性文化遗产为代表的大规模遗产保护与利用模式，为解决中国区域与文化景观日益破碎困境、缓解区域文化特征衰落或式微提供了新的思路。

国外线性文化遗产相关理论具有明显地域性特征和服务倾向性。因为它是建立在当地的历史、自然、社会发展条件下，并经过几十年有针对性的研究和调整。由于我国的历史、社会、经济水平与欧美地区有明显的差异性，因而其原有的地域性特征和服务倾向性对于我国而言则成为局限。

由于线性文化遗产元素组成具有多样性的特点，因此在甄别过程中应遵循一定的标准或原则。个人认为首先应该遵循真实性原则。真实性原则一直是遗产保护及其相关活动的核心内容。真实性是指文化遗产或古迹本身的材料、工艺、设计及其环境和它所反映的历史、文化、社会等相关信息的真实性。真实性优先原则反映了线性文化遗产保护的首要职责。没有了真实性，所有的遗产保护工作都失去意义。

其次是主题性原则。在规划、选择时必须首先确定一个主题。这个主题必须体现遗产涵盖区域内共同的文化脉络，有助于阐释区域文化、景观的多样性，有助于深化区域文化底蕴、刺激区域文化旅游。线性文化遗产必须围绕一个主题，否则什么都纳入保护范围，结果必然是什么都保护不好。

再次是景观性原则。线性文化遗产中的元素必须具有体现主题和区域文化与自然风貌特征的符号性特征。如果没有景观性就失去了吸引力，也就失去了活力。从对线性文化遗产在自然、经济、历史文化方面的推动作用而言，景观性是吸引力与活力的源泉，景观性是线性文化遗产保护与开发最基本保证的之一。没有景观性就没有观赏性，其他很多功能都难以开发。

最后是互惠性原则。任何一项工程都牵扯到许多方面，只有在互惠性原则下开展工作才能取得实效，否则很多工作难以展开。线性文化遗产要融入区域景观层面，以景观学方法促进遗产保护方法的革新的同时促进区域景观文化提升。应在遗产保护的前提下，增强区域文化底蕴，刺激文化旅游事业与生态保护，要对区域自然、经济、历史文化起到推动用，使文化遗产参与到推动地区可持续发展的进程中去。

第三节　黄河文化及其特征

文化是人类社会相对于经济、政治而言的精神活动及其产物，分为物质文化和非物质文化。《易经》："刚柔交错，天文也；文明以止，人文也。观乎天文，以察时变，观乎人文，以化成天下。"在这里所谓文就是指一切现象或形。天文在《易经》中主要是指由阴阳、正负、雌雄、刚柔等两端力量交互作用而形成的错综复杂、多彩多姿的自然世界，是一种自然现象。而人文是指自然现象经过人的认识、点化、改造、重组的活动就称为人文活动。认识层次和运用层次是人文活动的两个层次。

文，最早见于甲骨文，像一个站立着的人形。本义指"文身"，引申为花纹、纹理。从甲骨文字形来看，"文"字像一个站立着的人形，最上端是头，头下面是向左右伸展的两臂，最下面是两条腿，在人宽阔的胸脯上刺有美观的花纹图案。义指"文身"。金文的字形与甲骨文的字形完全一样。小篆承续金文，而字形走上了线条化，"人"站立的样子没变，只是胸前的花纹图案省略了。这与汉字的发展趋向简化有一定的关系，隶书笔画化。隶化后楷书有所变形，错纹的形象被淡化，已很难看出"人"形。

"文"在中国古籍中有相关记载。《易·系辞下》曰："物相杂，故曰文。"《礼记·乐记》曰："五色成文而不乱。"《说文解字·序》曰："仓颉之初作书，盖依类象形，故谓之文。其后形声相盖，即谓之字。文者，物象之本；字者，言挈乳而浸多也。"《说文解字》则曰："文，错画也，象交叉"，在这里"文"之本义是各色交错的纹理。由于汉字的内涵随着时代变化也发生相应变化，能够引申出多种含义。"文"的一个引申义是指各种象征符号，文物典籍、礼乐制度等就是具体化后的所指，如"由是文籍生焉""文王既没，文不在兹乎"等。《尚书·舜典》疏曰"经纬天地曰文"，《论语·雍也》称"质胜文则野，文胜质则史，文质彬彬，然后君子"则是由伦理之说导出彩画、装饰、人为修养之义。《礼记·乐记》所谓"礼减而进，以进为文"，郑玄注"文犹美也，善也"，《尚书·大禹谟》所谓"文命敷于四海，祗承于帝"则引申出美、善、德行之义。文也有其他的引申义，如引申为文字、文饰、文武、天文等。

"化"字始见于商代。新附为商代金文，是正反两个人形，左部像一个面朝左侧立的人，右部像一个倒立的人。也有的字形左部是倒立的人，右部是正立的人。《说文解字》说它"从匕（huà）人，匕亦声"，按匕本为指事字，就是倒立的人，表变化，是"化"字的古写。"化"之本义是生成、造化、改易。如《易·系辞下》"男女构精，万物化生"，《黄帝内经·素问》"化不可代，时不可违"，《礼记·中庸》"可以赞天地之化育"，《庄子·逍遥游》所载"北冥有鱼，其名为鲲，鲲之大，不知其几千里也。化而为鸟，其名为鹏，鹏之背，不知其几千里也"。《国语·晋语九》："鼋鼍鱼鳖，莫不能化，唯人不能。"陈继儒《珍珠船》卷一："自然灰生南海，马脑儿血所化也。"《管子·形势》"道之所设，身之化也。"曾巩《张府君神道碑》："有冯异，以化黄金干太后，得奉职监鄂州税。"这里的化就是生成、变化的意思。

"文"与"化"并联一起使用，比较早的文献见之于战国末年由儒生编辑的《周易》："观乎天文，以察时变；观乎人文，以化成天下。"这里的"文化"是指通过观察天象来了解时序的变化及其规律；通过观察人类社会的各种现象，利用教育感化手段实现治理天下的目的。"人文"一词最早出现在《周易》"文明以止，人文也"，指修饰。修饰出美，故曰"美在其中"。《北齐书·文苑传序》："圣达立言，化成天下，人文也。"唐代皎然《读张曲江集》诗："相公乃天盖，人文佐生成。""人文"也指人伦社会规律，即社会生活中人与人之间纵横交织的关系，如君臣、父子、夫妇、兄弟、朋友，构成复杂网络，具有纹理表象。"人文"与"化成天下"紧密联系，"以文教化"的思想已十分明确。《辞海》对人文的解释是："人文指人类社会的各种文化现象。"

《说苑·指武》："圣人之治天下也，先文德而后武力。凡武之兴，为不服也。文化不改，然后加诛。"西汉刘向在历史上首次将"文"与"化"二字联为一词。"文化内辑，武功外悠"（《文选·补之诗》）。此处之"文化"，或者与所谓天造地设的自然相对举，或者与没有教化的所谓"质朴""野蛮"相对举。由此可见在汉语系统中"文化"的本义就是以文教化，目的是教化社会，使社会处于理想的状态，而所采用的手段是文治，而不是武力。教化是对人之品德的教养以及人之性情的陶冶，本属精神领域之范畴。随着时间流变、社会发展和空间的差异，"文化"一词的含义不断扩展而逐渐成为一个外延宽广、内涵丰富的多维概念。它所包含的内容越来越多，被人使用的频次越来越高，同时也成为众多学科探究、阐发、争鸣的对象。

对于文化的含义，传统的观念或者大家普遍认可的观点是文化是人类在社会历史发展过程中所创造的物质财富和精神财富的总和。而其包含的内容相对而言比较宽泛，文化又可以分为三个方面：一是物质文化，二是制度文化，三是心理文化。物质文化是指人类创造的物质文明，以物质为载体显示文化的内涵，包括房屋建筑、生产工具、交通工具、各种服饰、生活日常用品等。物质文化是一种可见的显性文化，人们可以通过其形体等物理属性感知它。制度文化和心理文化属于不可见的隐性文化，包括政治制度、社会制度、生产制度、经济制度、生活制度、家庭制度以及思维方式、宗教信仰、审美情趣、文学、艺术、哲学、伦理学、心理学、风俗习惯等方面的内容。宗教、信仰、风俗习惯、道德情操、学术思想、文学艺术、科学技术、各种制度等是人类所创造的精神财富。

物质文化与社会经济活动的组织方式直接相关并借助经济、社会、金融和市场的基础设施显示出来。金融和市场的基础设施是指提供财经服务的机构。银行、证券公司、保险公司、咨询公司、信托公司等都是金融基础设施的典型代表，它们在现代社会发展中的作用越来越大。经济基础设施包括土地等各种自然资源、交通运输、能源和通信系统等。社会基础设施是指各级学校、医院、基层管理机构等公共服务设施等。物质文化是人类发明创造的技术和物质产品的显示存在和组合，不是所有物质形态的单纯存在或组合。

自然状态下存在的物质，不属于物质文化的范畴。物质文化不单指物质本身，更重要的是强调一种文化或文明状态。不同物质文化状况反映不同的经济发展阶段以及人类物质文明的发展水平。风俗、武术、歌舞等是非物质文化。非物质文化是指那些非物质形态的、有艺术价值或历史价值的文化，是人类在社会历史实践过程中所创造的各种精神文化。非物质文化大体上可分为三类或三个来源。一是如自然科学、宗教、艺术、哲学等与自然环境相配合和适应而产生的。二是如语言、文字、风俗、道德、法律等与社会环境相配合和适应而产生的。三是如使用器具、器械或仪器的方法等与物质文化相配合和适应而产生的。

狭义的文化是指在历史上人类社会按照一定物质生产方式基础上发生和发展的社会精神生活形式的总和。其主要是指社会的意识形态以及与之相适应的制度和组织机构。爱德华·伯内特·泰勒是英国文化人类学的奠基人、古典进化论的主要代表人物。他在1871年出版的《原始文化》一书中提出了狭义文化的早期经典学说。他认为文化就是包括知识、信仰、艺术、道德、法律、习俗和任何人作为一名社会成员而获得的能力和习惯在内的复杂整体。泰勒在其著作《原始文化》《人类学》中定义了人类学的科学研究语境，将之立基于达尔文的进化论。他相信社会和宗教这两个具有普遍性的事物的发展具有功能的基础。泰勒不但被视为文化人类学这门科学的奠基人，而且其学术著作亦被视为对人类学这门成形于19世纪的学科的建立所作的贡献十分重要且持久，因而有较高的学术地位。他相信对人类历史及史前史的研究能够被用作英国社会改革的基础。泰勒将万物有灵论这一术语带回常用语中。他认为万物有灵论是宗教发展的第一个阶段。1865年撰写的《人类早期史研究》和1871年撰写的两卷本《原始文化》以及1881年撰写的《人类学》在学术上产生了极其重大的影响。

"落后民族已经衰退因而是不够格的民族"的退化论言论在当时被广泛传播与认同，但泰勒反对这一观念，并提出了人类社会不断发展进化的思想。他把文化看作一个整体，认为一切民族无论先进或落后，在人类历史发展过程中它们都作出了贡献。这一观念在当时具有进步意义。在方法论方面，泰勒也有开拓之功。他是把统计学应用到研究处理社会事实的第一人。他的《论调查制度发展的一个方法》（1888—1889）一文对后来民族学、社会学的研究产生了很大影响。泰勒和达尔文一样，具有一种安详而又练达、和蔼可亲的人品。这种品德帮助他铺平了道路，使人们很快就接受了那些对当时的思想和社会说来，富于爆炸性含义的思想和方法。英国人类学家 B.K. 马林诺夫斯基发展了泰勒的文化定义，于20世纪30年代出版《文化论》一书，认为文化是指那一群传统的器物、货品、技术、思想、习惯及价值而言的，这概念包容着及调节着一切社会科学。他还进一步把文化分为物质的和精神的，即所谓"已改造的环境和已变更的人类有机体"两种主要成分。

文化研究结合了社会学、文学理论、媒体研究与文化人类学来研究工业社会中的文化现象。文化研究者时常关注某个现象是如何与意识形态、种族、社会阶级或性别等议题产生关联。"文化研究"源于20世纪六七十年代的英国伯明翰大学当代文化研究所的研究方向和学术成果，其代表人物有理查德·霍加特、雷蒙德·威廉斯、斯图亚特·霍尔。他们从文化研究的角度认为文化与意识形态紧密相关。这是从政治的角度来分析文化，因而就有了资产阶级文化、封建文化、无产阶级文化之区分。

文化对于人类社会及个体的发展具有多重功能，影响深远。首先文化具有整合功能。文化的整合功能是指它具有协调群体中个体成员行动的作用。社会群体中不同的成员可以通过共享、共有的文化有效地进行沟通，消除隔阂，从而促成彼此间的合作。文化从某种意义上而言是社会成员之间沟通的中介。如果没有文化，他们大都是独特的行动者，只是基于自己的需要、根据对情景的判断和理解采取行动。如此，作为个体组合体社会的许多功能就难以实现。其次文化具有导向功能。通过共享文化，行动者可以知道自己的何种行为在对方看来是适宜的、可以引起积极回应的，并倾向于选择有效的行动。文化这种为人们的行动提供方向和可供选择方式的功能就是导向功能，如各种流行风的兴起与风行就是文化导向起作用的结果。这些流行事物的发生与发展，都与文化的导向作用密不可分。

文化还具有维持秩序的功能。某种文化的形成和确立意味着某种价值观和行为规范的被认可和被遵从，也意味着某种秩序的形成。文化是人们通过比较和选择认为是合理并被普遍接受的东西，是人们以往共同生活经验的积累。从某种意义上，只要某一种文化在起作用，那么由它所确立的社会秩序就会被维持下去。

文化还具有传续或传承功能。文化并不是生来就有的，从世代的角度看，一个人所拥有的文化虽然有自己创造的成分，但总体而言是一代人传给另一代人的结果。如果某些文化元素能向新的世代流传，即下一代也认同、共享上一代的文化元素，那么文化就具备了传续功能。现实中某些文化元素在世代交替中消失了，但有部分被传承了下来，使文化得以延续，体现了文化的传续功能。

文化从形态上是作为一种精神力量存在的，但它却能够在人们认识世界、改造世界的过程中转化为物质力量，从而对社会发展的各个方面产生深刻的影响。文化作为一种隐形力量，它的影响不仅表现在个人成长历程中，而且表现在民族和国家的历史中。它虽然有时没有政治影响那么显性、剧烈，但其长期影响却比政治的影响更深刻、更久远。人类社会发展的历史证明，一个强大的民族或一个昌盛的国家的经济与物质发展不能落后，同时在精神上和文化上方面也不能落后，只有在物质和精神方面都得到长足发展，相对而言处于发展前列，才能真正赢得尊严、树立起自信心，从而自豪地屹立于世界民族之林。

民族文化是世界上各个民族在其自身历史发展过程中创造和发展起来的具有本民族特点与精神气质的文化。民族文化反映该民族历史发展的水平。民族文化对于一个民族或国家而言意义重大。它对于民族的延续，对于国家的存亡，有着特别重要的意义。民族文化不是短时期内形成的，而是在漫长的历史中形成。民族文化及其所包含的民族精神与精华不仅凝结了它的过去，也可以滋生出民族文化新的未来。从文化本身来看，保护民族文化十分重要。民族文化具有世界意义，民族文化在任何一个国家都具有不可或缺的国家意义、民族意义。例如：中华民族文化对于中国而言其地位无法取代。民族文化中蕴涵的优秀精神品质如勤劳勇敢等是一个民族发展的基础，但可以在经过动态解读之后与现代思想相结合，这一点在形成民族精神的过程中起到非常深刻也非常直接的作用。每一个民族在其历史发展过程中所形成的哲学、政治、道德观念，以及所创造的音乐、绘画、书法、舞蹈等艺术作品，或者在建筑艺术、园林艺术、风俗习惯中所凝结的审美意识等都是人们自身素养的来源，并逐渐积淀为民族心理、民族品格，成为民族获得持续不断精神力量的源泉、民族生存与发展动力的来源。

文化，特别是优秀文化，是一个国家、一个民族或一个区域的灵魂。从某种意义而言，如果文化兴盛了，国家与民族就兴盛；文化强大了，国家与民族就会强大。没有文化的繁荣兴盛，就没有高度的文化自信，也就没有民族与国家的强盛。反之，中国文化如果不繁荣兴盛，中华民族就难以实现伟大复兴。

黄河历史悠久、流域绵长，是中华民族的母亲河、中华文明的摇篮。河出图，伏羲依此演八卦；洛出书，大禹治水分九州。黄河文化是指以黄河流域特殊自然和人文地理环境为基础，与生产力发展水平相适应的具有认同性、归趋性的文化体系与集合，是生活在黄河流域的人们（包括史前先民与文明时期居民）在长期社会实践中所创造的包括语言文字、风俗习惯、生产水平、生活方式、审美情趣、典章制度、礼仪信仰、精神面貌、价值取向等一切属于文化范畴事物的物质财富和精神财富的总和。由于中华民族的先民首先在黄河流域开始了文明生活，逐步创造了灿烂的文化，因而黄河文化是中华文明的母体，其他文明都从黄河文化演化而来或受到其影响，因而黄河文化不仅是中华文化的核心和主干，而且也是中华民族的根和魂，是全世界华人的精神原乡。

由于历史悠久、范围广阔，黄河文化自身具有丰富的内涵。首先，黄河流域是黄河文化的发源地及主要发展区域。其次，黄河文化从人文空间而言是人们在与黄河的实践关系中积累的物质与精神文化总和。最后，黄河文化虽具有地域特色，但它包括社会规范、生活方式等一般意义上的文化内涵。黄河文化有狭义黄河文化与广义黄河文化之分。狭义黄河文化是指仅包括今天黄河干流流经的九省区黄河流域的文化，即青海、甘肃、宁夏、内蒙古、陕西、河南、四川、山西、山东。黄河在历史上曾由于人为或自然原因多次改道，干流曾流经的区域范围十分广大，因此广义的黄河文化还应包括现在的北京、天津以及安徽、江苏。例如：黄河古道曾经经过江苏省的徐州市、宿迁市、淮安市及盐城市，对这些地区产生十分深刻的影响。黄河古道在河南商丘境内有南北两段，南段为金朝末年金哀宗时期至明朝弘治时期的黄河古道；北段为明朝弘治时期至清朝咸丰时期的黄河古道。金朝天兴二年（公元1232年）十二月，金国即将灭亡时，金哀宗由汴京迁都归德府（今河南商丘），蒙古军队久攻归德府不下，在今商丘西北处人为决黄河，黄河流经商丘南部，黄河水夺濉水入泗水。清朝咸丰五年（公元1855年），河南省的铜瓦厢（今兰考县）东坝头处决口，折流向东北，于山东省德州利津县附近注入渤海。这样，黄河就在商丘北部留下了一条尾闾，故称废黄河，又叫黄河古道。黄河古道流经商丘境内的民权、宁陵、梁园、虞城4个县区，涉及26个乡镇、5个国有林场及5座水库，在商丘境内总长136千米。经过两次南北大改道，黄河流经商丘共621年。黄河文化源远流长、博大精深，可以从考古学文化、区域文化和文化属性三个方面对黄河文化予以阐述，这样可以更好地总结其蕴含的丰富内涵。

考古发现，在远古时代由于绵绵黄河水的滋养，黄河流域拥有肥沃的土地，加上温暖湿润的适宜气候，黄河流域非常适宜人类生存。早在旧石器时代，中华民族的先民就在这里繁衍生息，常常以原始聚落形式生存生活。这一时期以裴李岗文化、仰韶文化、龙山文化最为发达，成为黄河流域文化发展前期的代表。裴李岗文化是分布于黄河中游的新石器时代文化，是中原地区发现最早的新石器时代文化之一。裴李岗文化从建筑遗存、埋葬习俗、农业生产，特别是陶器形制、纹饰等方面考察，与后来的仰韶文化关系更为密切，是仰韶文化的源头之一，即华夏文明的来源之一。裴李岗文化距今约7000—8000年，为新石器时代早期的文化。从考古挖掘的出土文物来看，当地人已经懂得畜牧和耕种的基本知识。无论是生产力还是文化艺术，在中国远古这块大地上，与同时期河北的磁山文化、甘肃的大地湾文化相比，裴李岗文化在许多方面无不处于领先地位。

旧石器时代黄河文化在黄河流域发轫，中华民族迈向文明时代的历史进程在新石器时代文化序列中得以展现。由于黄河流域非常广大，每个区域都有自身的特征。黄河上游文化包括萨拉乌苏文化、水洞沟古文化等旧石器时代文化，以及马家窑文化、齐家文化等新石器时代文化。萨拉乌苏文化遗址，在鄂尔多斯草原南端，有一条蜿蜒的河流叫萨拉乌苏河，它源于陕西西北定边县境内，流经内蒙古鄂托克旗、乌审旗后从八吐湾村东折流入陕北境内，与响水河汇合后向东南方向流入黄河的支流无定河。此河在地层松散的毛乌素沙漠上冲刷出一条宽阔幽深的"U"字形河谷，本地人将这条河流称为萨拉乌苏河。早在35000年前"河套人"就在这里生活繁衍，这从发掘出的大量文物。"河套人"在萨拉乌苏河流域生活繁衍过程中所创造的物质文化（以文化遗存的形式）被称为"萨拉乌苏文化"。在经过对流域内地质、动物化石和石器的综合分析研究后，专家们认定萨拉乌苏文化为旧石器时代晚期文化。同处黄河上游，位于宁夏回族自治区灵武市水洞沟的水洞沟文化经过考证也是中国华北地区的旧石器时代晚期文化遗址。

西侯度文化、蓝田文化、大荔文化、匼河文化、丁村文化、灵井许昌人文化遗存跨越黄河中下游，属于旧石器时代文化。这些旧石器时代的文化大多是以考古发现遗存形式被人所认识的。例如，匼河文化分布于山西省芮城县匼河村一带。匼河文化以大石片制作的砍砸器、石球和三棱大尖状器为特色。匼河文化的遗物主要包括石核、石片和石器，动物化石多为中更新世的典型种属。匼河文化有别于以多种类型小型石器为特征的北京人文化、周口店第15地点文化，而接近于以大砍砸器、三棱大尖状器等为特色的西侯度、蓝田和丁村文化。它是华北旧石器两大传统之一的"匼河—丁村系"的重要代表。

跨越中下游的老官台文化、裴李岗文化、仰韶文化、龙山文化等属于新石器时代文化。北辛文化、大汶口文化、山东龙山文化等则属于黄河下游新石器时代文化。北辛文化分布于黄河下游，在环鲁中南山地周围的兖州、曲阜、泰安、平阴、长清、济南、章丘、邹平、汶上、张店、青州、莒县、临沭、沂南、兰陵和滕州等地，都发现了距今七八千年的新石器时代早期遗存。北辛文化已形成完整的聚落，房址均为半地穴式建筑，墓葬流行长方形土坑竖穴墓，无葬具，生产工具主要是石器，骨、角、牙、蚌器十分先进，制作工艺以磨制为主。农业、饲养业、手工业和陶器制作业均有所进步。北辛文化的农业具有三个特征：一是粟粒碳化颗粒的发现，证明这个时候人们已经开始种植粟这种农作物，说明原始农业已经产生。二是从出土的大量磨制生产工具可以推断，当时的生产力水平虽然仍然很低，但已经有了较大的发展。

三是从出土的骨针、石纺轮来看，在保暖措施方面当时开始用野生纤维和动物绒毛进行纺线或编织，由此可以推断北辛先民逐渐由身披兽皮的原始愚昧阶段过渡到穿衣保暖相对文明的发展阶段。

中原文化、关中文化、齐鲁文化从区域文化角度而言是黄河流域最为厚重的三大文化。河湟文化、陇右文化、河套文化是黄河上游的重要文化。河湟地区泛指黄河及其支流湟水河、大通河之间的广阔地域，史称"三河间"。河湟地区由于地貌气候及地理位置等原因自古以来就是多民族生息繁衍生息的区域，秦汉以来众多民族的先民或者耕种或者放牧于其间，创造了具有文化融合特征的辉煌灿烂的河湟文化。河湟地区曾有过诸如鲜卑、小月氏、鞑靼、吐谷浑、戎人、羌人、氐人，吐蕃等民族，河湟文化也表现出多民族性，是多民族文化交融并存的必然结果。同时河湟文化是草原文化走廊与农耕文化走廊荟萃之地，是黄河源地区人类文明化进程的重要标志。河套文化是草原文化和黄河文化长期交流融会之产物，其自身漫长的生成发育以及复杂的嬗变传承过程说明了河套文化与黄河文化的关系，特别是与乌拉特、鄂尔多斯蒙古文化的关系更是有力的佐证。古代"河套安，天下安"[①]的说法证明了这一地区的重要性。几千年来河套地区聚集、融合、传承、积淀了边塞文化、黄河文化、草原文化和农耕文化，形成了鲜明的地域特色、民族特色和兼容并蓄的地方文化体系。悠久的历史、深厚的内涵、丰富的形式为打造河套文化品牌奠定了基础，使其具有了草原文化与农耕文化碰撞交融的独特的文化特征和强烈的文化包容性，对于丰富黄河文化和草原文化的内涵和外延具有重大的历史意义。

关中文化、三晋文化以及河洛文化是属于黄河中游的区域性文化。三晋文化是中华文化的主要组成部分。作为一种地域文化，它又有自己鲜明的特点。晋文化具有开放、务实、求新的特征。关中地区是指东函谷关（后亦称潼关）、西大散关、南武关、北萧关这四关之内的地区，主要是渭河平原区域，包括西安、宝鸡、咸阳、渭南等陕西省的地市和山西省的运城和临汾两市，总共秦晋两省六个地市。这也是国家"关中平原城市群"包含的城市。

---

① 王天顺:《河套史》，人民出版社，2006，第9页。

陕西是中华文明的重要发祥地之一，历史上曾先后有14个王朝在此建都，包括中华文明历史上最为辉煌的周、秦、汉、唐四个王朝。关中文化博大精深，是中华文明的重要组成部分。河洛文化以洛阳为中心，西至潼关、华阴，东至荥阳，南至汝颍，北跨黄河至晋南、济源一带。在古代雄踞于中原，为"天下之中"（《史记·周本记》），即所谓"中国"（西周何尊铭文）。河图洛书是中华文明之始。《易·系辞上》说："河出图，洛出书，圣人则之。"《论语》："凤鸟不至，河不出图。"《竹书纪年》写道：黄帝在河洛修坛沉璧，受龙图龟书。河洛文化精神以"河图""洛书"为标志，以夏、商、周三代文化为主干，以汉、魏、唐、宋为内容，以"河洛郎"为特征，以古都洛阳所凝聚的文化精华为核心，具有显著的源头性、根脉性和族魂性，是海内外华人的民族血脉和精神纽带。

以河南省为中心的中原文化与以山东省为中心的齐鲁文化是黄河中下游的区域文化。中原文化可以理解为黄河中下游地区物质文化和精神文化的总称。中原文化以河南为核心，以广大的黄河中下游地区为腹地，逐层向外辐射。中原地区由于地处中国的中心地带，所以它以特殊的地理环境、历史地位和人文精神，使中原文化在漫长的中国历史中长期居于正统主流地位。中原文化一定程度上代表着中国传统文化。在中国历史上，中原地区自上古有巢氏、燧人氏等时期以来，直至秦汉唐宋，在较长的历史时期内是中国政治、经济、文化的中心，具有特殊的地位。"逐鹿中原""得中原者得天下"就是很好的佐证。中原文化按地域位置又可以细分：汴梁文化分布于开封及黄河北岸的封丘县等地；洛阳文化分布于洛阳、三门峡等地；宛洛文化分布于南阳、平顶山等地；陈蔡文化分布于周口、驻马店、阜阳等地；宋文化分布于商丘、亳州市区、曹县等地；怀庆文化分布于豫北新乡、安阳、鹤壁、濮阳等地；淮西文化分布于信阳及豫南淮河沿岸。中原文化所拥有的特质决定了中原文化对于中国历史进程的推动，客观而言它对于中华文明的形成、民族精神的传承、经济社会的发展都发挥了独特而重要的作用。

齐鲁文化顾名思义是"齐文化"和"鲁文化"的合称。齐国东临渤海与黄海，古代属于东夷地区，齐国产生了以姜太公为代表的思想学说，同时吸收了当地土著文化（东夷文化）并融合发展。两种古老文化存在着较为明显的差异。齐文化讲究功利、重实用,鲁文化比较注重伦理与道德修养。由于齐国本来是异姓诸侯国,非周朝帝王的本族,地理位置又相对偏远,经济基础也相对较差,文化方面发展相对滞后,底子薄弱,齐国的这些不利因素迫使其"因其俗,简其礼","举贤而上功",最终反而形成了一种努力开拓、奋发前进的风气。齐文化讲求革新,注重因时而变。鲁文化相对而言尊重传统,革新意识相对较弱。齐文化与鲁文化在发展中相互借鉴、相互融合,最终在齐鲁大地形成了具有丰富历史内涵的齐鲁文化。

以齐鲁为代表的山东地区自远古时代就确立了堂室、栏厩、宅院为结构的家庭居住模式。这是一相对稳固的居住模式,孟子称作"五亩之宅"。即使在现代社会,这种模式在山东省及北方一些地区仍然占有重要地位。数千年来,以家庭副业、树艺木果、饲养六畜为内容的庭院经济在自给自足家庭经济中占有重要地位。作为齐鲁文化核心的儒学由孔子开创,产生于春秋时期的鲁国,孟子、荀子等是发扬光大者与继往开来者。自秦始皇一统六国之后,由于国家的统一,儒学走出山东走向整个中国的时机悄然而至。自董仲舒罢黜百家独尊儒术之后,儒家思想逐渐成为中华民族的主流文化思想。儒学在齐鲁大地有着广泛而深厚的社会基础,影响了一代又一代山东人的性格。淳朴厚道、与人为善、任劳任怨、顾大局、重实干等是山东人的性格特征。任何事情都有两面性,儒学思想也给山东人的性格带来了故步自封、循规蹈矩、偏执狭隘的特点。经世致用的救世精神、民贵君轻的民本精神、自强不息的刚健精神以及大公无私的群体精神、崇尚气节的爱国精神、人定胜天的能动精神、勤谨睿智的创造精神、厚德仁民的人道精神等是齐鲁文化的基本精神,它们对中华民族优秀传统精神的形成与发展起到了重要作用。

中华文明的胚胎大约5000年前在华夏大地恰如"满天星斗"般各处萌生,诸如红山文化、良渚文化、三星堆文化等。但是由于种种原因,许多曾经辉煌灿烂的文化都湮没于历史的烟尘中。然而黄河文化及文明的胚胎由于绵绵不绝的黄河作为连接体,在适宜的环境中得以萌芽、抽枝、开花,并呈向心结构不断绽放与拓展,成为世界文明百花园中一枝独领风骚的鲜花。

黄河文化内涵丰富,所包含的文化类型十分繁多,既包括农耕文化、草原文化、丝路文化,又包含少数民族文化、海洋文化。在这些文化类型中尤以农耕文化最为灿烂。号称九曲十八弯的黄河自西向东，通过滚滚水体将流经地区的各种样态的文化串通连接并融合在一起，形成了历史悠久、博大精深的黄河文化，成为中华民族的根与魂。在中国历史非常长的一段时间内，黄河流域是中国农耕文化最发达的地区。黄河流域的人们在历经数千年农耕文化的渐染之后逐渐生成了崇仁爱、重民本、守诚信、讲辩证、尚和合、求大同等核心思想理念，磨砺了中华民族自强不息、吃苦耐劳、坚韧不拔的性格，形成了安土重迁、敬天法祖与家国同构的思想意识和行为范式，同时也形成了儒道互补的中华文脉，滋养了独特丰富的文学艺术、科学技术，涵养了自强不息、见义勇为、孝老爱亲、敬业乐群、扶危济困的中华传统美德，最终孕育形成了辉煌灿烂、深邃厚重、磅礴有力的黄河文化。

与海洋文化、草原文化、吴越文化、海岛渔猎文化以及两河流域文化、希腊文化、基督教文化、伊斯兰教文化、恒河文化等不同，黄河文化是指以黄河流域特殊自然和人文地理、生产力发展水平为基础的具有认同性、归趋性的文化体系与集合。由于黄河文化的生成与发展对应着独特的人文地理环境、独特的生存生产方式以及独特的发展历史，与其他文化相比黄河文化体现出连续性、根源性、正统性、包容性、创新开拓性、团结协作性、坚韧务实性等属于自身的文化特征。

黄河文化的特征首先表现为连续性。连续性一词的原义是某一物理量在空间中沿任一坐标轴方向只会连续变化（或维持不变），而不至于发生数值不连续之现象。德国哲学家黑格尔在所著《逻辑学》以连续和非连续为一对范畴，非连续性也译为分立性、分离性、分割性。黑格尔认为连续性和非连续性是量的两个基本属性。黄河水体从上游直到注入大海源远流长，延绵不绝。在世界四大"大河文明"中，只有黄河文化不曾"断流"。从时间维度而言，自上游的萨拉乌苏文化、水洞沟古文化等旧石器时代文化，到马家窑文化、齐家文化等新石器时代文化，黄河中下游的中原地区从新石器时代早期的裴李岗文化，到中期的仰韶文化、晚期的龙山文化，一直进入夏商周时代，再从春秋战国到汉唐，直到明清时代，文化谱系连贯，文化序列一直没有中断，一脉相承。从空间维度而言，黄河虽然曾经几度改道，但从西至东流入大海的水体却从没有中断。黄河上游、中游、下游人们之间的联系从来没有中断。以农耕文化为核心的黄河文化具有先进性，在各个历史时期，黄河文化依靠自己春风化雨、润物无声的所谓强大软实力在与草原文化、外族文化之间的碰撞、交争、互通、融合中实现与异域文化之间的融合与传承。

黄河文化具有根源性特征。"求木之长者，必固其根本；欲流之远者，必浚其泉源。"晋葛洪《抱朴子·酒诫》："纵心口之近欲，轻召灾之根源。"杜甫《火》诗："罗落沸百泓，根源皆万古。"根源性就是本源性、初始性。犹如木之根本，水之渊薮。中华文明、中华民族发源于黄河流域，中华元典文化发轫于黄河流域。在博大精深的黄河文化中，萨拉乌苏文化、水洞沟古文化、裴李岗文化、仰韶文化、马家窑文化、齐家文化、龙山文化等原始文化一脉相承。城市、文字、礼仪性建筑、青铜器等要素文明都首先在黄河流域诞生、发展、传播到各地。《淮南子·本经训》："昔者苍颉作书，而天雨粟，鬼夜哭。"仓颉，也称苍颉，复姓侯刚，号史皇氏，曾把流传于先民中的文字加以搜集、整理、规范和使用，在创造汉字的过程中起了重要作用，为中华民族文明的传承做出了不朽的功绩，被后人尊为"造字圣人"。在众多仓颉遗迹中，始建于汉代者有四处：河南南乐、虞城、开封和陕西白水，这些地方都属于黄河流域。在夏、商、周三代薪火相传的文明，儒家、道家和法家等中华元典文化，汉代经学、魏晋玄学、宋明理学与佛教文化代等都深植于黄河文化之中，使黄河文化在中华文化中的核心与原初地位十分牢固。

黄河文化具有正统性特征。孔子的《春秋》是儒家至高的经典，正统的法理基础源于春秋，分为"居正"和"一统"两个层面，以儒家经义为本，正统即儒家道统。"国之统也，犹道之统也。"正统又称法统、道统、礼仪之统，意思是以宗周为正，尊先王法五帝，为天下一统。《汉书》曰："《春秋》法五始之要，在乎审己正统而已。"其中包括血统上的嫡长子继承制以及文化上的华夷之辨。正统性的现代意义是指学派、党派等一脉相传的嫡派，也指王朝或其他事物的合法继承。中国历史上曾有多种文化在中国的土地上诞生与发展，有的文化一直存在，但也有的文化早已消失。中国的文化种类繁多，根据地域来划分，可分为楚文化、荆楚文化（又名湖湘文化）、吴越文化、滇黔文化、红山文化、良渚文化、徽文化、赣文化、江淮文化、巴蜀文化、岭南文化、蒙古草原文化、西域文化、青藏高原文化及长江文化、珠江文化等等。这些文化都是中华文化的分支或某个时期的文化，它们共同形成了中华文化的巍峨大厦，但在这众多文化之中必有且只有一种是所谓的嫡系或正统文化，所有其他文化都只能处于相对次要的地位。这种所谓的嫡系或正统文化就是黄河文化。黄河流域是中华民族的发祥地，是中华民族先民生存与发展的地方。而黄河流域自古迄今都处于中华民族政治、经济、军事、科技、文化发展的核心地带，在中华文明形成与发展的历史过程中长期占据主流正统地位，在地缘上长期处于中国政治、经济、文化的中心区域。黄河流域的文化无疑在中国历史上是最悠久的文化。山西芮城西侯度人类活动遗址距今有160多万年的历史，考古人员在这些遗址中发现了被火烧过的动物化石和鹿角化石。而距今100万年的陕西蓝田人类遗址中，考古人员发现了多处炭末堆积。此后的蓝田人、大荔人、丁村人、河套人都在黄河流域的臂弯里生存，繁衍生息。上古传说，神农氏曾教民稼穑。耐人寻味的是，神农就是炎帝，也就是火神，他所传授的实际上是焚林垦殖。《孟子》中记载了三皇五帝烧山林的"功绩"："当尧之时……草木畅茂，禽兽繁殖，五谷不登，禽兽逼人……尧独忧之，举舜而敷治焉。舜使益掌火。益烈山泽而焚之，禽兽逃匿。"在《诗经》中，我们听到了先民们砍伐时的吟唱："坎坎伐檀兮，置之河之干兮，河水清且涟漪。""伐木叮叮，鸟鸣嘤嘤。"政治文明决定了国家的治乱兴衰，礼乐制度规定了社会各阶层的位次秩序，宗法观念奠定了超稳定的社会基础，儒家思想指导了人们的行为规范。根据古史的相关记载，传说时代的黄帝以有熊为都，颛顼以帝丘为都，尧以平阳为都，舜以蒲坂为都，禹以阳城为都，夏、商、周三代亦均居于河洛之间。自夏商周之后长达数千年的历史时期，西安、洛阳、郑州、开封、安阳相继成为都城。从地理位置而言，这一时期历代都城大都在黄河沿线的横轴上左右移动，黄河文化的发展变化影响着中华民族的命运走势。因此无论从历史长短还是文化厚道及影响而言，黄河文化都具有中华文化正统性的特征。

包容性是黄河文化展现出来的另一特征。海纳百川，有容乃大。黄河文化以其悠久的历史、灿烂的形态、博大的气势与宽广的心胸包容、吸纳一切有益成分，最终形成了一个富于包容性的开放系统。黄河与长江是中国的两条大河，两条河自西向东流域广大，黄河流域文化与长江流域文化各自具有不同的特征，但在两者长期互相碰撞、相互吸纳过程中黄河文化吸纳、积累了越来越多的外来文化要素。黄河流域的北面与蒙古草原接壤，黄河文化在与草原文化长期碰撞、相互融合中也不断融入新鲜血液，纳入新生基因。黄河文化通过陆路丝绸之路和海上丝绸之路与域外的文化交流接触，同时黄河文化又通过各种渠道与东南亚各国广泛交流，向外传播中华文明，向内输入域外文明成果。这些因素的汇集共同形成了黄河文化多元一体、兼容并蓄的特征。黄河文化在与周边文化和异域文化和谐共生、互通有无的过程中逐渐形成了一个多元一体的文化综合体，成为东亚文化圈的主体文化。

创新开拓性是黄河文化展现出来的另一特征。创新简单而言就是制造出、发现新的东西或事物。从学理上而言是指以现有的思维模式、利用现有的知识和物质提出有别于常规或常人思路的见解，或者在特定的环境中为满足社会某种需求而改进或创造新的事物、方法、元素、路径或环境，并能最终获得一定具有正向效果的行为。开拓是扩展疆土，扩大、扩充。《后汉书·虞诩传》："先帝开拓土宇，劬劳后定，而今惮小费，举而弃之。"《三国志·魏志·杨阜传》："陛下奉武皇帝开拓之大业，守文皇帝克终之元绪。"《北史·崔浩传》："昔太祖道武皇帝应期受命，开拓洪业，诸所制置，无不循古。"根据文献记载，伏羲氏制作渔猎用的网罟，神农氏制作了农耕用的耒耜，嫘祖发明了蚕丝。考古发现的裴李岗文化、仰韶文化、龙山文化等新石器时代的大量石质农具、农作物标本，都是黄河流域农耕文化的创新成就与黄河文化的结晶。每一处古城遗址如偃师、郑州商城、偃师商城、安阳殷墟等都是黄河文化都城建设巨大成就的记录者。舞阳贾湖裴李岗文化遗址出土的契刻符号、安阳殷墟出土的汉字体系甲骨文、传说中的黄帝史官仓颉造字、秦朝丞相李斯规范书写的"小篆"以及"书同文"的规定，都发生在黄河流域，可以说汉字文明的每一步创新都是黄河流域及黄河文化创新开拓性的写照。中华传统文化的元典内蕴和重要精神内核均孕育萌生于黄河文化之中。"河出图""洛出书"、伏羲画八卦、文王演周易、周公制礼作乐、儒家道家思想体系的创立以及法、墨、纵横、杂家等诸子文化的诞生与发展都在黄河流域萌芽演绎。活字印刷术、宋体字的发明和使用、天文历法、青铜铸造、冶铁、陶瓷、中医等方面的重大突破都是由黄河文化孕育创造的。黄河流域以其广大与活力成为历史上众多中国文化元素的原创平台，并在数千年的发展进程中历久弥新，始终保持着旺盛的创新动能和发展活力。

黄河文化具有团结协作性特征。据史籍记载，黄河的水患最早见于周定王五年（公元前602年）时。春秋五十年左右，卫为狄所灭，由于狄不谙水利，黄河决堤频频，农田水利失修，故经常发生水患。东汉明帝时，王景治河成功。然而到宋代黄河又频频造成水患，下溯至元、明、清三代而千年不绝。由于没有搞治河的工作，北方的社会、经济、文化因此逐渐衰落。自元明以来，筑堤建坝，国库耗资巨大，但仍不胜其淤塞溃决；虽然用尽人力财力，但水患仍烈。以此可见治理黄河之难。由于治理黄河是一项系统工程，没有上中下游各个地域人民的团结协作，单靠一个地区或少数人是不可能治理好黄河水患的。历经数千年治理黄河水患的实践，黄河流域人们具有了整体观念与团结协作精神。如果不能团结协作、齐心协力治理黄河水患，那么所有人就不得不面对洪水泛滥、家破人亡的困境。实践中人们认识到团结协作的重要性，久而久之，黄河流域的人们就自然而然地具有了团结协作的精神，反映到文化中，便使黄河文化拥有了团结协作的特征。

黄河文化具有坚韧务实性特征。坚韧就是坚固有韧性。宋朝朱弁《曲洧旧闻》："其财产西北者至良，名黄松，坚韧冠百木。"务实就是脚踏实地、踏踏实实地工作。认认真真、任劳任怨、埋头苦干是务实精神的体现，不蜻蜓点水、不走马观花、不好高骛远同样也是务实的表现。务实就是讲究实际、实事求是。这是中国农耕文化较早形成的一种民族精神。孔子不谈"怪、力、乱、神"，就已把目光聚焦在社会生活上。王符的《潜夫论》说："大人不华，君子务实。"王守仁的《传习录》说："名与实对，务实之心重一分，则务名之心轻一分。"这些思想，就是中国文化注重现实、崇尚实干精神的体现。它排斥虚妄，拒绝空想，鄙视华而不实，追求充实而有活力的人生。黄河流域的许多地区由于自然条件恶劣，有些地方甚至不适合人类居住，因此在漫长的历史长河中，面对黄河水患、旱灾、虫灾、战争、瘟疫、水土流失等灾害困难，只有采取务实的精神解决问题才能真正克服困难生存下来，也只有拥有坚韧的品格、面对困难不服输的勇气才能克服重重难关。如果华而不实、坐而论道，或者面对困境畏缩不前，最终的结果必然无法生存下去。因此，坚韧务实成为黄河流域农耕社会人们所必备的特性，反映在文化中就是黄河文化的坚韧务实特征。

第四章　山东黄河历史文化旅游现状与困境分析

第一节　文化旅游

　　旅游（Tour）一词来源于拉丁语的"tornare"和希腊语的"tornos"，其原始含义是车床或圆圈，即围绕一个中心点或轴的运动。德国学者蒙根·罗德在1927年曾探讨过现代意义的旅游一词，认为狭义的理解是为了满足生活和文化的需要，或各种各样的愿望，一些人暂时离开自己相对固定的住地，而作为经济和文化商品的消费者逗留在异地的人的交往。德国作家黑塞从文学或人文的角度认为"旅游就是艳遇"。如果在自己固定的住所，由于人员等方面很熟悉，难以遇到惊喜，所以必须到别的地方去寻求所谓的艳遇。这里的所谓"艳"既可以指人，如陌生的人，一场风花雪月的邂逅，在美景的衬托之下更显出浪漫情调，也可以指物，如美丽、新奇的景物。奇幻迷离、让人意犹未尽的美景也同样让人迷恋。汉字"旅"的本义是为了实现某一目的如商人做生意或官员到异地任职而在空间上从甲地到乙地的行进过程，即旅行与外出。汉字"游"是指外出到某地游览、观光或娱乐，即为达到这些目的所做的旅行。旅与游两个字合起来即旅游。旅行最基本的前提是有"行"的活动或过程，现实中旅游不但有"行"而且有观光、娱乐含义。因为在旅游的外出过程中可以欣赏沿途美景。旅游的目的、旅行的距离、逗留的时间被称为旅游的三个基本要素。而"吃、住、行、游、购、娱"是旅游的六个要点或六个方面。

　　早在殷周之际，人们已经开始注意旅行的类别。《易经》中，专讲行商客贾的一卦就称为"旅"卦。"旅"字之所以用于商旅，一方面是因为"旅"字本来就含有行走之意，另一方面是因为"旅"常被古人假借为"庐"，与"庐"字相通的"旅"字便成了当时主要形式，是商业旅游的专称。中国是世界文明古国之一，旅行活动的兴起同样居世界前列。旅行作为一种社会行为，早在公元前22世纪的古代即已存在。大禹为了疏浚九江十八河，游览了大好河山。虽然大禹四处游走的目的不是游山玩水，不以怡乐为目的，但大禹的行动客观上却具有旅游性质。在繁忙的工作中顺便欣赏美丽风景与风土人情是一种自然的行为。在中国古代，游猎、游览、游学等概称为"游"，"游"的字义是浮行于水中。人能像鱼一样无拘无束、自由自在地"泳之游之"（《诗经·邶风·谷风》）。自由自在地"泳之游之"当然是一件令人高兴之事，是一件随心所欲、所谓"优哉游哉"（《史记·孔子世家》）的乐事。"优哉游哉"的旅游与商旅、聘旅级行役（礼节性外交和长途公差）等功利性的旅游有区别。本书的旅游是指主要以游玩为目的的旅行。这种旅游形式的出现标志着中国古代旅游从此进入了自觉的认识阶段。然而优哉游哉的状态不容易实现。孔子周游列国的时候常常处于困厄状态。鲁定公十四年（公元前496年）孔子带领弟子从鲁国出发开始周游列国。孔子周游的国家按照大体先后顺序是卫国、曹国、宋国、齐国、郑国、晋国、陈国、蔡国、楚国等。按照现在的行政划分与地名现大致路线为曲阜—菏泽—长垣—商丘—夏邑—淮阳—周口—上蔡—罗山，然后原路返回。从55岁到68岁，孔子带着他的若干亲近弟子，用了十几年的时间在鲁国周边游历。因为孔子的思想观念、治国理念具有理想主义色彩，因而在当时的历史时期内难以践行，在各国处处受到冷遇就成为一种历史的必然。周游列国的路途十分坎坷，一次孔子与弟子不知何故彼此走散，孔子找不到自己的弟子，只能在东门旁发呆。弟子子贡问郑国人是否知道孔子在何处。郑国人说东门边有个老头子像一只丧家之狗在那里发呆。由此而见孔子与弟子路途所经受的苦难。"旅游"一词最早见于六朝齐梁时沈约《悲哉行》"旅游媚年春，年春媚游人徐光旦垂彩。和露晓凝津。时嘤起稚叶。蕙气动初苹。一朝阻旧国。万里隔良辰"的诗句，用以专指个人意志、兴趣支配的，以游览、游乐为主要的旅行，以此区别于其他如商业旅游等种种功利性的旅行形式。

随着社会发展水平的提高，不同于古代文人的游山玩水或徐霞客式的旅行和科学考察，现代的旅游在很多方面都变化巨大。在古代社会，大多数人一生都没有旅游的经历，旅游只是极少数人的活动。在现代社会，旅游越来越普遍，逐渐变为人类社会一种不断发展的生活方式。关于这一点，国外一些学者如英国的伊什图里金（Estoril）就认为，旅游的性质在逐渐发生变化：现代旅游是闲暇、追求享乐的"民主化"活动；现代旅游已经发展为一种"社会旅游"；娱乐旅行概念发生了变化。

旅游活动按照旅游性质和人们出游的目的划分大体可分为六大类：一是休闲、娱乐、度假类。这类旅游是目前社会参与人数最多的旅游，也是最普遍的一种形式，属于这一类旅游活动的有观光旅游、度假旅游、娱乐旅游等。二是探亲、访友类旅游。这是一种以探亲、访友为主要目的的旅游活动。这类活动自古有之，也较为普遍。例如，孩子在一个地方上大学，父母一般会到孩子大学所在的城市探亲旅游。探亲是主要目的，也是缘由，而旅游可能具有附带性质。三是商务类、专业访问类旅游。比较常见的商务旅游、修学旅游、考察旅游、公务旅游、会议旅游、专项旅游等属于这一类的旅游活动。另外，其他形式如奖励旅游也可以归入这一类旅游，因为奖励旅游与游客个人职业及所在单位的经济活动存在紧密关系。四是健康医疗类旅游。随着生活水平的提高，人们越来越注重健康，以健康为目的的旅游也越来越流行，这类旅游主要包括体育旅游、保健旅游、生态旅游等。五是宗教朝圣类旅游。这类旅游主要是指宗教界人士或信徒以朝圣、传经布道为主要目的进行的旅游活动。例如，每年数以百万计的穆斯林长途跋涉到沙特的圣地麦加参加一年一度的朝觐活动。六是其他类旅游。除了上述五类旅游活动，随着社会发展，不同类型的旅游形式也应运而生，例如探险旅游等。

文化旅游简称为文旅，一般是指通过旅游实现感知、了解、体察人类文化具体内容之目的的行为过程。文旅通常是以追寻文化名人遗踪、鉴赏异国异地传统文化或参加当地举办的各种文化活动（如祭孔大典、轩辕祭祖大典、三月三节日等）为目的的旅游。人们的文化水平越来越高，精神层次的追求越来越高，寻求文化享受已成为当前旅游者的一种风尚。对于"文化旅游"的确切定义目前在学术界尚无定论。有学者认为，文化旅游是以文化的地域差异性、特色性为诱因，以文化碰撞、交流与互动为过程，以不同文化之间相互融合为结果的行为。旅游者对旅游资源文化内涵进行体验的过程就是文化旅游的主要过程和目的，它给人一种超然的文化感受与领悟，这也是文化旅游的重要功能之一。文化感受来自饱含文化内涵的旅游景点，以文化景点为载体的感受既体现了审美情趣激发功能、教育启示功能，又体现了民族、宗教情感的寄托功能。因其关联性高、涉及面广、辐射性强、带动性强，文化旅游产业这种特殊的综合性产业目前已经成为21世纪经济社会发展中最具有活力的新兴产业。文化旅游其涵盖性强，几乎可以囊括所有相关的产业，包括历史遗迹、建筑、民族艺术、宗教等内容。文化旅游产业与观光旅游、都市旅游、生态旅游之间有着根本区别[①]。

民族性、艺术性、神秘性、多样性、互动性等是文化旅游的特征。文化的民族性（即多样性）决定了文化旅游的民族性。文化的民族性源于共同地域中人们的共同生活。各个民族经历了不同的时期、不同的自然条件，从而产生了不同形态的文化。文化旅游的民族性主要通过旅游者旅游心理的民族性以及旅游景区（东道社会）的文化特色表现出来。旅游景区注重经济收入、游客人数及游玩感受。为了更好吸引游客，景区必须进行系统的规划设计，以便更能突出本景区的文化特色。理想的状态是游客一到景区，当地的文化氛围就扑面而来[②]。例如，彝族的火把节，男女青年点燃松木制成的火把，到村寨田间活动，边走边把松香撒向火把，目的就是吸引游客。除了阵容强大的少数民族拦门敬酒迎宾和彝族花腰歌舞、三道红、大三弦等乐器伴奏外，还有刺激好看的牛王争霸、斗羊比赛等，让游客感受多个少数民族的激情四射，体验独具特色的狂欢盛事。另外，来自不同文化氛围的旅游者，其旅游行为和心理不同。不同的旅游性格使旅游者在旅游过程中表现出不同的审美标准和行为模式。例如，西方旅游者比中国旅游者更容易选择攀登高峰、下河漂流、极地探险等活动，这就是文化旅游的民族性或多样性的体现。

文化旅游的互动性。文化旅游是两种不同价值观和价值标准的文化相互接触、碰撞的过程。文化旅游对旅游出发地文化系统及旅游者自身文化人格

---

① 李江敏、李志飞:《文化旅游开发》,科学出版社,2000,第5页。

② 李江敏、李志飞:《文化旅游开发》,科学出版社,2000,第10页。

的影响也十分重要，主要表现在四个方面：旅游出发地社会常常能从文化旅游活动中得到意料之外的文化凝聚力；旅游者的文化素质得到极大的提高与培养；旅游者身体与心理素质从旅游中得到提高；文化旅游使旅游者所属的文化系统的精神面貌发生改变。而文化旅游接待区的变迁和改善表现在：经济的发展与生活水平的提高；社会风尚变迁；文化的拯救和发展[1]。

文化旅游的感悟性。感悟是指人们对特定事物或经历所产生的感想与体会。汉代刘向《列女传·张汤母》："君子谓张汤母能克己感悟时主。"与观光旅游、都市旅游、生态旅游相比，从某种角度而言文化旅游具有更强的感悟性。随着游客整体素质的提高，文化旅游审美效果的实现更加依赖于旅游者对景区的规划设计及各项活动的感受和领悟。旅游者对景区所展示的文化的领悟程度至关重要，这需要旅游者自身有较高的文化素养及知识储备。例如：曲阜统称为"三孔"的孔府、孔庙、孔林以丰厚的文化积淀、悠久的历史、宏大的规模、丰富的文物珍藏以及科学艺术价值而著称，无疑是中国历代纪念孔子、推崇孔子与儒学的有形载体。孔庙内的圣迹殿、十三碑亭及大成殿东西两庑，陈列着大量的碑碣石刻。历代碑刻有许多名人珍品，是书法、绘画、雕刻艺术的宝库。特别是这里保存的汉碑，是全国数量最多的，最为珍贵的是22块汉魏六朝石刻。其碑刻之多仅次于西安碑林，有我国第二碑林之称。文化素养比较低的人在参观"三孔"时难以对"三孔"产生文化感悟。

众所周知文化旅游具有多种功能，从不同的角度有不同的划分方法。笔者从区域及个体两个方面对文化旅游功能进行分析总结。就地区（景区）层面而言，文化旅游具有如下四个方面的功能。一是发展文化旅游有利于建立旅游区所在区域的文化形象，提高知名度。许多地区的知名度是因著名景区的高知名度而获得的。例如：海南省三亚市就是一个依靠旅游景点知名的城市，以天涯海角闻名于世。二是发展文化旅游有利于所在地区居民的文化认同与凝聚力。三是有利于不同文化系统之间相互学习和吸收对方的优势，使人类文明整体上得到发展。四是有利于促进不同文化群体之间的理解，增强两个系统的人民之间的友谊。

---

[1] 李江敏、李志飞：《文化旅游开发》，科学出版社，2000，第13页。

就个体层面而言，文化旅游具有三种功能。一是促进旅游主体"求真"能力的培养。文化旅游增强旅游者对社会历史文化的认识。所谓"读万卷书，行万里路"是也。董其昌《画禅室随笔（卷二）》中有"昔人评大年画，谓得胸中万卷书。更奇，又大年以宗室不得远游，每朝陵回，得写胸中丘壑，不行万里路，不读万卷书，欲作画祖，其可得乎？"读万卷书是指要努力读书，让自己的才识过人。行万里路是指让自己的所学，能在生活中体现，同时增长见识，也就是理论结合实际，学以致用。另外，文化旅游促进旅游者对社会风情的体验。二是促进旅游者审美能力的培养。审美能力是指人感受、鉴赏、评价和创造美的能力。审美感受能力指审美主体凭自己的生活体验、艺术修养和审美趣味有意识地对审美对象进行鉴赏，从中获得美感的能力。游客在景区客体美感召下，审美意识与能力得到锻炼与提高。三是促进旅游者向善情感的培养。游客在旅游中感受真善美，使自己的灵魂得到净化，道德得以提高[①]。

文化旅游的类型按照不同的标准可以不同的划分方法。可以按照地理范围划分，也可以按照旅游载体文化内涵性质划分。目前下列五种旅游类型获得较多的共识。

一是历史文化旅游。历史文化旅游是指旅游者以人类社会历史变迁留下的物质和精神遗迹为依托，通过对异时异地文化特质的把握与体验来达到审美享受的旅游活动。所参观的对象具有历史深度与文化内涵。中国拥有悠久的历史、灿烂的文化，文化旅游资源极为丰富。例如：元明清连续三朝帝都的身份已经使故宫成为文化的象征，故宫不仅仅是景点的存在，它更是历史的结晶，它保存的不仅仅是艺术品，更多的是祖先们的精神与智慧，其底蕴决不可一言以蔽之。敦煌莫高窟的历史文化更能体现中华文化的包容性，将外来文化用中国人自己的思维方式展现出来，包容万千，博采众长。若故宫是历史的厚重，那敦煌莫高窟底蕴更像是一种横向的扩散。

二是民俗文化旅游。旅游者以异地风俗为主要旅游参观对象，通过对异质文化的观察和参与而达到审美享受的文化旅游活动是民俗文化旅游。在开

---

① 李江敏、李志飞：《文化旅游开发》，科学出版社，2000，第17页。

展民俗旅游的活动中，旅游者通过亲身体验旅游地民众民俗生活事项，实现自我完善的旅游目的并达到良好的游玩境界。一般而言，旅游地的生活文化、民间歌舞娱乐文化、节日文化、信仰文化、婚姻家庭和人生礼仪文化、口头传承文化等是民俗旅游的主要内容。民俗旅游属于较高层次的旅游，地方特色和民俗特色是旅游资源开发的灵魂，具有独特性与不可替代性，超出了纯粹的观光游玩的旅游境界。由于民俗旅游满足了游客"求新、求异、求乐、求知"的心理需求，无论是对旅游者的素质要求还是对旅游地的文化层次要求都越来越高，民俗旅游已经成为旅游行为和旅游开发的重要内容之一。例如：内蒙古的"那达慕"大会就是很好的民俗旅游节目。"那达慕"大会是人们为了庆祝丰收在每年七八月牲畜肥壮的季节举行的文体娱乐大会。惊险刺激的赛马、摔跤，令人赞赏的射箭，争强斗胜的棋艺，引人入胜的歌舞都是"那达慕"大会的常备节目。这一季节是蒙古草原景色最美、牛羊最肥壮、马奶酒口感最醇的季节，是当地居民选择休假的最佳季节，也是外国游客最为集中的季节。

三是宗教文化旅游活动。旅游者以宗教景观、宗教仪式、宗教经典为主要参观对象，通过对不同信仰的文化特色的体察和把握来达到审美享受的文化旅游活动就是宗教文化旅游。凡宗教创始者的诞生地、墓葬地及其遗迹遗物甚至传说"显圣"地以及各教派的中心，都可成为教徒们的朝拜圣地。伴随中国社会发展水平的提高与旅游业的兴起，越来越多宗教场所开始与旅游部门合作，成为宗教文化旅游资源。

四是建筑文化旅游。主要以独具风格、特色的建筑物或建筑群为旅游吸引物，使旅游者在观赏各色建筑的同时体认不同文化的特质而达到审美享受的旅游活动被称为建筑文化旅游。建筑文化的历史几乎与人类历史相伴生，是人类社会历史实践过程中所创造的建筑物质财富和建筑精神财富的总和。建筑文化是物质文化、制度文化、精神文化、符号文化的综合反映，也是人类文化的重要组成部分。建筑物特别是住宅房屋是人类生存的基本条件，具有历史性、民族性、地方性等特性，不但随着人类的产生而产生，也随着人类社会的发展而发展。建筑物的类型多种多样，每个地方皆有不同。例如：同是住宅，北方平原多是四合院，黄土高原有窑洞，东南有江浙民居，福建有土楼[①]。

五是饮食文化旅游。通俗而言饮食文化是一种可以通过独具特色的各色食物、饮食程序、方式、规则而得到审美享受的旅游活动。民以食为天，饮食是人类活动中极为重要的一环，因而饮食特别是独具特色的美食容易成为吸引游客的吸引物。饮食文化旅游的重点或主要内容不是简单的品尝美食，而是在"文化"方面。饮食文化与旅游活动相结合，以了解饮食文化和品尝美食为主要内容，这是一种较高层次的旅游活动。既然以饮食吸引游客，那么丰富而浓厚的饮食文化内容以及可口的美食是开展美食旅游的必备条件。美食旅游者的文化需求以及实实在在的美食是美食旅游得以产生、发展、繁荣的前提和基础，二者缺一不可。只有美食文化而没有美食，难以吸引游客。只有美食而没有文化，则旅游者变成了纯粹的"吃货"。文化和美食完美的结合才是饮食文化旅游的关键所在。

第二节 黄河山东段旅游资源

资源是指一个个体、一个团体、一个地区或一个国家所拥有的各种物质或非物质要素的总称。具体而言，包括物力、财力、人力、社会地位及关系等要素。用通俗的语言来讲，资源就是指一切可被人类开发利用、带来某种效益的物质、能量和信息的总称。资源有很多种，按照不同的标准可以分成不同的各类，总体而言可以划分为自然资源和社会资源两大类。阳光、空气、水、海洋、土地、矿藏、河流、森林、草原、动物、植物，甚至沙漠、冰川、岩石、闪电等是可以被人利用的自然资源。人力资源、工作岗位、社会地位、家族状况、婚姻状况、学历文凭、国籍、所属民族、母语、种族、宗教信仰、所属政党、信息资源以及经过劳动创造的各种物质财富都是社会类资源。

在现代社会人们对资源有了新的认识，可称之为"新资源观"。知识经济时代与传统时代对某种资源的利用存在明显的差异。在新的历史条件下

① 张文和、罗章：《文化建筑文化传统建筑文化》《重庆建筑大学学报（社科版）》2000年第4期。

必须充分利用科学技术知识对资源利用进行重新认识与重新规划。面对不同种类的资源必须进行不同层次的利用，同时又必须考虑地区配置和综合利用问题。许多资源或大多数资源在其原始形式情况下是无法被人类消费或者使用的。为了利用资源就必须对它们进行加工处理，将其转变化更加方便可用的商品，这就是所谓的资源开发。例如：土地只有经过人的耕种才能有粮食产出，才能被人类所使用，否则就无法发挥资源的作用。某些社会关系只有人主动去联系才能发挥其社会资源的作用，否则只是一种关系符号而已。

旅游资源是与旅游相关的人力、物力、财力等的总和，是旅游业的基础，同时也是旅游业发展的前提。自然风景旅游资源和人文景观旅游资源是旅游资源的两大类别。自然风景旅游资源可归纳为地貌、水文、气候、生物四大类，包括高山、江河、湖泊、峡谷、森林、火山、海滩、温泉、野生动植物、气候等。泰山是以高山为主要元素的旅游资源，青岛海滩是以海滩为主要元素的旅游资源。人文景观旅游资源可归纳为人文景物、文化传统、民情风俗、体育娱乐四大类，包括历史文化古迹、古建筑、民族风情、饮食、购物、文化艺术、体育娱乐、现代建设新成就等。宽泛通俗而言，自然界和人类社会凡能被旅游业开发利用，对旅游者产生吸引力，并可产生经济效益、社会效益和环境效益的各种事物现象和因素都是旅游资源。与中国侠义的旅游资源界定相比，西方国家对旅游资源的界定更为宽泛，将旅游资源称作旅游吸引物，认为旅游资源不仅包括旅游地的旅游资源，而且还包括接待设施、舒适快捷的交通条件与优良的服务。

中国旅游资源与其他国家相比独具特色。中国历史悠久、幅员辽阔、地形地貌复杂多变、民族众多，是世界上旅游资源最丰富的国家之一。中国旅游资源不仅积淀丰厚而且种类多样，各种规模、年代、形态、规制、品类的资源遍布大江南北。中国是古人类的发源地之一，是一个多民族融合发展的国家，是世界四大文明古国之一、世界文明发祥地之一。在悠久的发展历史中流传下来的宝贵物质与非物质文化遗产天然地形成了珍贵而丰富的文化旅游资源。客观而言，每个国家、民族由于地理位置、气候、土壤、水文、海拔高度等差异，以及历史、文化、风俗习惯等的区别，无论是自然旅游资源还是人文资源方面都存在差异，表现出明显的区域性特征，如北欧峡湾、美洲玛雅文明等。旅游资源因分布不同而各具特色。

旅游资源具有多样性、独特性、变异性、永续性、垄断性、季节性、民族性等特征。多样性是指旅游资源种类繁多，类型多样。有以自然性为特征的，有以人文性为特征的，有以景观性为特征的，有以古代遗存为特征的，有以现代性为特征的。

凡是旅游资源，都有与旅游者通常的生活习俗、文化背景和居住环境不同之处。这种差异越大，旅游资源对旅游者来说就越独特，对旅游者的吸引力也就越大。

变异性表现在，某些事物在其存在之初并没有被作为旅游资源，但随着旅游者需求的变化，它成了具有吸引力的旅游资源，反之亦然。许多历史景点在当时只是一种普通的事物，没有观赏价值，但几百年后变成了历史遗迹，因而就成了旅游资源。例如：济南市长清区万德镇境内的灵岩寺旅游区是国家级风景名胜区，以其悠久的宗教历史和深厚的文化内涵驰名于世，素有"游泰山不游灵岩，不成游也"之说。灵岩寺，始建于东晋，距今已有1600多年的历史。著名胜境有千佛殿、墓塔林、辟支塔、大雄宝殿等几十处。其中最为引人入胜的是千佛殿内40尊宋代彩色泥塑罗汉，历来为观者和专家们赞誉不绝，梁启超称其为"海内第一名塑"；艺术大师刘海粟有"灵岩名塑，天下第一，有血有肉，活灵活现。"灵岩寺成为旅游资源有一个历史发展的过程，从最初普通的寺院变成旅游景点，体现了资源的变异性。

旅游资源的永续性表现在大多数旅游资源具有无限重复利用和不断再生的特点。例如，泰山、黄山、长城、兵马俑、桂林山水等作为旅游资源，旅客可以观赏甚至游玩其中，但旅游者无法将其带走。旅游者带走的只是各种印象和感受。真正富有特色与内涵的旅游资源只要保护得当、合理开发，在绝大多数情况下是可以永续或重复利用的，而某些旅游资源还会随着社会经济的发展和科学技术的进步而不断再生。

旅游资源在许多情况下是唯一的，不可转移，这往往导致旅游资源的垄断性。例如泰山、大明湖等就具有不可转移性、唯一性等特征，凭借着千姿百态的自然和社会文化资源把旅游者从世界上每个角落吸引到旅游地来。不同于其他各种资源，旅游资源具有不可复制、不可转移性与垄断性。例如，许多游客认为"到了中国，没有去北京，等于没有去中国；到了北京，不去游长城，等于没有到北京"就是对旅游资源某些特征很好的阐释。

旅游资源表现出较为明显的季节性特征。除了会议、商务等形式的旅游以外，观光旅游受季节的制约较大。这种特点在海滨城市表现尤为突出。每到夏季，特别是暑假开始后，全国各地前来避暑的游客蜂拥而至。短时间内大量游客涌入往往导致城市的拥堵与超饱和现象出现。无论在吃、住、行方面，还是游玩、购物、娱乐等方面都面临紧张局面，"花钱买罪受"的怨叹充斥着整个城市。炎热的夏季与学生暑假结束后直到来年5月份，海滨城市游客寥寥无几。这就是旅游典型的季节性特征。旺季越长，旅游业的游客就越多，收入也就越大，反之亦然。旅游资源的季节性导致旅游业的季节性。

民族性是旅游资源的另一特征。中国是一个历史悠久、幅员辽阔、民族众多的国家。由于各种原因如各民族地理位置、自然环境、历史背景、经济状况不同，长久以来形成了自己的民族风格。在生活方式、生产方式、住宅建筑、服饰装束、风土人情、风味小吃等方面的差异使其带有浓郁的民族色彩。这些民族色彩或特色在旅游资源方面就体现为民族性。汉族北方的四合院、蒙古草原的蒙古包体现的是建筑的民族特色。

黄河山东段无论是自然还是人文方面都丰富了山东的文化旅游资源。黄河经山东菏泽、济宁、泰安、聊城、德州、济南、淄博、滨州、东营9市最终流入渤海湾。具体而言，黄河经菏泽市的东明县流入山东省内，自西向东流经东明县、牡丹区、鄄城县、郓城县、梁山县、东平县、东阿县、平阴县、长清区、齐河县、槐荫区、天桥区、历城区、济阳县、章丘区、邹平县、惠民县、高青县、滨城区、博兴县、利津县、东营区、垦利区。黄河在流经山东段过程中形成了丰富的旅游资源。黄河在清朝咸丰五年（公元1855年）以前的流经路线大体上经过现在河南的荥阳、郑州、原阳、延津、封丘、中牟、开封、兰考，然后再流经山东的曹县、单县以及安徽的砀山、萧县，最后流经江苏的丰县、沛县、徐州、邳州市、睢宁、宿迁、泗阳、淮阴、涟水、阜宁、滨海等地区归入黄海。清咸丰五年六月十九日（1855年8月1日），黄河在河南兰阳（今兰考）北岸铜瓦厢决口，洪水穿山东境内运河流入大清河，由利津入海，原苏北河道断流。最初，除山东巡抚力主让黄河复归苏北故道入海外，其他督抚多主张让黄河北行。因黄河南行复归故道可能性越来越小，清政府下令在原有民埝的基础上，沿着黄河流向陆续修筑黄河两岸的大堤。至1884年，用30年的时间终于修成黄河堤防。此次黄河改道对山东的影响最大。曹州、济南、泰安、东昌、武定等5府20余州县受灾严重，全省仅重灾区的难民就超过700万人。黄河下游改道破坏了鲁西南和鲁西北原有水系，形成"非涝即旱"的恶性循环。改道之初两岸并无堤防，清同治末年，河道堤防逐渐兴建，光绪十年（1884年）基本形成规模。1947年3月，花园口决口堵复，黄河回归山东故道，即现行河道。

5万年以前山东省菏泽市境内还是一个巨大的低洼沼泽水域。历经自西而来的黄河和自东而来汶河、泗水河挟带泥沙的漫长岁月的填冲淤积，至1.5万年前后，这一地区逐渐形成了"四泽十水"水系。由于水源充足，地势平坦，土地肥沃，大约在8000年前后一部分先民陆陆续续在"四泽十水"岸边定居。由于黄河挟带泥沙的淤积，自汉代以后"四泽十水"陆陆续续变成浅滩涂；而自金代以后黄河长期在菏泽境内泛滥，境内平均被黄河泥沙覆盖6米~8米，"四泽十水"彻底淤为平地。中国的四大名著之一《水浒传》所记载的八百里水泊梁山就离菏泽不远，在宋代时那里还有大片的湖泊，而现在湖泊几乎绝迹。这从一个侧面印证了黄河淤积对于某些地区地形地貌的巨大影响。自周以来有文字记载的黄河决口1500多次，菏泽地区受黄河水害的最早记载，为汉武帝元光三年（公元前132年）瓠子决口。自此以后至清光绪元年（1875年）的2007年间，黄河决口泛滥淹及菏泽有134年。

历史上黄河大徙25次，12次波及菏泽地区，菏泽地区受黄河水害严重，黄河河道流经菏泽地区主要有南宋故道、元代故道、明清故道等。现菏泽市南部曹县、单县境内故道即明清黄河故道。如今，随着菏泽地区黄河故道旅游开发，曹县黄河故道国家湿地公园、八里湾风景区，东明县黄河森林公园，单县浮龙湖度假区已经初具规模，吸引着旅客来此游玩。山东曹县黄河故道国家湿地公园位于曹县城西魏湾，以太行堤水库为依托，由引黄干线、太行堤水库堤坝围合而成，规划区面积887.6公顷，其中湿地面积858.7公顷，湿地率96.7%。湿地公园是曹县境内近百千米黄河故道湿地的重要组成部分，湿地物种多样性丰富，共有维管植物101科、319属、517种，兽类5目、8科、16种，鸟类17目、47科、205种（其中水禽81种），国家一、二级保护植物、鸟类达30种。八里湾风景区，位于曹县东南八里。明朝嘉靖二十六年（1547年），太行堤河在曹县城东南八里处决口，决口处自然形成了一个深潭，从此这片水域就留存在了曹县版图上，"八里湾"即得名于此。八里湾风景区将成为集观光旅游、休闲度假、采摘体验、商住度假等为一体的生态文化综合体。一个融汇唐风宋韵、古典园林的风景区展现在人们面前，成为鲁苏豫皖周边又一道亮丽夺目的风景线。

位于东明县城区西南30千米处的东明县黄河森林公园濒临黄河，是鲁西南地区最为集中、生长最好的森林之一。黄河森林公园建设之初的目标包括严格保护公园所在地现有的森林资源及自然风貌，在此基础上开展与森林紧密相关的各种活动，如植物观赏、野生鸟类观赏、休闲度假、果品采摘、游憩娱乐、水上游乐等，形成以弘扬黄河文化为主要特色的自然生态旅游区。公园属暖温带落叶阔叶林区，湿地属黄河下游湿地。野生资源十分丰富，植被覆盖率90%以上，木本植物90余种。园区主要为人工植被，其中林地7500余亩，水面600余亩。碧海金滩是公园的有机组成部分，内有湖岸沙滩、碧水游船、水杉树、樱花树、木瓜树、芍药花、薰衣草、杨树等50余种树木和花卉点缀其中，是树、花、水的完美结合。移步换景，环抱树林之内，漫步沙滩之上，泛舟湖泊之间，再现陶渊明笔下的世外桃源。

浮龙湖旅游度假区是单县"一城两区"中重要的生态文化旅游度假区。浮龙湖源自中国四大古泽之首——孟渚湖，历史厚重，文脉悠长，自古以来，在此隐居和游历的名人雅士不胜枚举。传说舜师单卷长居于此，舜多次来此问政。"上善若水、道法自然"的老子文化，李白、杜甫、高适、陶冕流连赋诗……积淀了特色鲜明的历史文明。浮龙湖具有丰富的旅游资源，广阔水域上湖西水上会务中心、生态岛等碧水拥抱，芦苇蒲草成方连片，荷叶莲花婆娑摇曳，亭亭玉立，灰鹤、白鹳、野鸭争相觅食，筑巢栖息。浮龙湖核心湖区东西长8.6千米，南北宽2.5千米，平均水深大约3.5米，全年日照充足、水源充沛，可谓草丰鱼跃，荷花争艳，风景秀丽，气候宜人。

黄河从东平县戴庙乡进入境内，朝东北方向流经银山镇、斑鸠店镇，至旧县乡出境，随后流入平阴县。黄河东平段东边紧邻东平湖，西边则于阳谷县和河南省台前县相邻，南边与山东省梁山县相接，北边则与山东省东阿县、平阴县相连。该黄河河段1996年汛期测得最大流量为5540立方米/秒。河段全长约为33千米，河道最宽处约5.5千米，最窄处约1.4千米。黄河东平段属于黄河下游，历经黄河多年的淤积，河床高出地面数米，成为名副其实的地上悬河。黄河经常发生洪灾，给两岸人民带来了无穷的苦难。为了调节黄河水、治理水灾，如今在黄河东平段东岸修建了许多水闸，包括雄伟壮丽的被称为"山东黄河第一闸"的石洼进湖闸以及林辛进湖闸、十里堡进湖闸、徐庄进（出）湖闸、耿山口进（出）湖闸等大型水利设施。设计分洪流量为11340立方米/秒。为了有效利用黄河水，还修建了丁庄扬水站、马山头涵洞等排灌设施，引黄灌溉，化害为利。

位于山东省东阿县城东南部东的东阿国家黄河森林公园森林覆盖率72%，总面积大约2446.33公顷，沿黄河北岸及引黄干渠两侧分布。东阿国家黄河森林公园的总体规划比较完善，共分"三带十区"。"三带"分别是百里黄河风光带、引黄干渠风光带与田园风光带。"十区"分别是鸣翠滩景区、鱼山景区、位山景区、净觉寺景区、艾山景区、香山景区、旧城景区、农业开发园、范坡景区和湿地休闲度假区。东阿国家黄河森林公园是全国首个平原国家级森林公园。东阿国家黄河森林公园将森林生态环境与黄河文化、吉祥文化、养生文化、梵呗文化融为一体，具有较高的示范效应。

黄河流经济南长清区。"长清"之名，是隋朝开皇十四年（公元594年）以境内齐长城和清水而得，至今有1420余年的历史。长清区东是连绵群山，属泰山山脉，西是滔滔黄河，属黄河滩区。千百年来，逐步形成了两条主干线：东靠穿越平安、崮山、张夏、万德的九省御道的陆路；西靠沿经孝里、归德、文昌、平安的黄河水路。这两条线基本沿着长清的东、西贯穿南北，形成了一个大大的"人"字。同时，在古文化方面还形成了又一个特点：东部沿古御道多是隋唐以后的遗存，西部沿黄河东岸则是汉代及以前的古迹为主。长清境内古御道长近50千米、黄河总长52千米。长清境内的黄河源自于古济水的变迁，发源于现河南省济源市，由于下游河水清澈，水流缓慢，所以也被称作"大清河"。黄水泛滥，洪水猛兽般冲刷无数次，使黄河改道。清朝咸丰五年（1855年）黄河再次发大水，夺取大清河河床，将清澈的大清河完全吞没，大清河成了黄河下游的干流。从此大清河的名字被黄河取代，成了"曾用名"。清河也就不"清"了。目前黄河在长清境内经过孝里、归德、文昌和平安4个街镇，总长52千米。这百里黄河也是现在长清与对岸聊城、德州的界河。

齐河县也是黄河流经的县市。近年来齐河县依托黄河建立了风景与旅游基地。齐河黄河水利风景区依托黄河南坦险工而建，景区属自然河湖型水利风景区，面积达184平方千米，其中水域面积75平方千米。景区内黄河蜿蜒曲折，形成了"二级悬河"的天下奇观，让人产生"黄河之水天上来"的遐想。景区内堤防巍峨、坝岸雄伟，有"水上长城"之美誉；黄河落日、千里冰封及开河奇观远近闻名。景区生态环境良好，动植物种类繁多，人文历史悠久，文化底蕴深厚，是黄河文化和齐文化的发祥地之一。景区建设秉承生态理念，注重文化内涵的挖掘，已成为展示黄河风貌的窗口。

齐河县黄河水乡湿地公园位于黄河国际生态城南端，为齐河县祝阿镇东南部由北展大堤、黄河大堤内侧300米及国道309所围合的洼地，总面积966.3公顷，湿地公园全部建成后，将成为鲁西北地区最大的国家级黄河湿地公园、最大的黄河平原湿地。这里将展现一幅曲径通幽、芳草萋萋、绿竹猗猗、飞鸟成群、鱼翔浅底的独具北方特色的绝美湿地画卷，以及"碧波映古韵，青芦引鹤归"的人间盛景[①]。

紧邻山东省济南市天桥城区北部的济南百里黄河风景区是集工程景观、水域景观、生态景观、自然景观、人文景观于一身，以文化旅游、景观旅游、生态旅游、运动健身旅游为主体的生态型文化主题园林。济南百里黄河风景区以黄河堤防、险工、涵闸等为代表的工程景观被誉为中国"水上长城"。在黄河的淤背区内有百亩杜仲园、百亩苗圃、百亩农业观光采摘园和千亩银杏园等大片生态林。风景区有高达97%的绿化覆盖率，中心景区花草茂密。济南百里黄河风景区在2018中国黄河旅游大会上被评为"中国黄河50景"。

台子镇位于邹平县西北部，有640年历史，是"小济南"称号的古齐东

---

① 马勇、李建峰《黄河水乡湿地公园》《中国水利报》2020年08月13日。

县城所在地，养育了文状元王文烨、治世能臣张梦鲸、女诗人郝秋岩等历史名人，拥有从与码头镇交界处的梯子坝到旧城渡口、齐东古城遗址、十里水果长廊、无花果采摘园、胡楼引黄闸等休闲观光景区。在游黄河第一坝——梯子坝，可感受黄河历史变迁与气势宏伟、源远流长的气概。台子镇黄河旅游文化节是集观光踏青、采风摄影、休闲旅游、文艺观赏和创作于一体的文化旅游系列活动。每当海棠花开时，模特走秀、风车长廊、地方小吃、地方戏以及书画摄影比赛等十多项文化旅游活动同时开展，吸引周边地区众游客到此游玩休闲，形成邹平沿黄地区的特色旅游。由台子镇沿河堤向西约10千米，大坝长1600米、宽20余米、高30余米。梯子坝是黄河上最古老、最长的人工大坝，有"黄河险工第一坝"的美誉。这里已被邹平县划入名胜景观旅游地区，是自驾游的好去处。黄河作为世界上唯一的悬河，河床海拔比河边土地高出达2米~3米，形成了独特的河滩风景，河床沙滩平而呈波浪状，细腻滑润，在阳光下向光耀眼，石砌滩坝雄伟坚固，以雪花石砌成，坡滩九曲十弯，形成独特的沙滩文化。

惠民县古城河水利风景区位于山东省滨州市惠民县境内，依托两河、一湖、三个水系而建，属于城市河湖型水利风景区，规划面积12.71平方千米。幸福河是古城河水利风景区引入黄河水的主要水源地。景区按照"文化在古，灵气在水，亮点在武"的建设思路，坚持以水为脉、以文为魂，全力打造"孙子故里，生态惠民"，实施了古城河综合治理修复与引黄河水入古城河的"活水"工程，营造出以河道景观林带为主体，以绿化节点为点缀，四季常青、三季有花，韵律节奏感突出的绿色生态景观长廊；护城河、城垣遗址和海子也组成了多处独特的历史文化景观视点。惠民湖绚丽的夜景效果更是景区的一大亮点。

高青县柳春园旅游区是一家集休闲、娱乐、观光、餐饮、度假、垂钓等项目为一体的综合性黄河旅游风景区。根据现代人注重健康与游乐的旅游喜好，旅游区建设了有机果蔬种植基地、绿色果蔬采摘园、黄河生态黑猪新品种推广饲养繁育基地、苗木种植基地黄河鲤鱼与黄河梭鱼养殖等旅游项目。依托黄河南岸得天独厚的地理位置和农产品基地品牌，开拓以农业都市旅游为重点，以田园风光为背景的休闲旅游产品。旅游区同时建有黄河民俗艺术馆、黄河休闲游乐中心等绿色生态项目，以满足游客的文化需求，同时也提高了景区的文化品位。

滨州韩墩引黄灌区水利风景区位于山东省滨州市境内，依托韩墩灌区工程而建，属于灌区型水利风景区。景区面积12.6平方千米，其中水域面积8.6平方千米。景区以韩墩总干渠生态观光带为核心，积极打造黄河文化观光区、生态观光农业园区、秦台民俗风情文化区、沾化冬枣生态旅游景区、沾化沿海滩涂观光区及六座平原水库，水利工程、自然生态、农业观光、地域文化等景观镶嵌其中，特色鲜明，构成了"一带五区六湖"的优美景观布局。景区风光旖旎，空气清新，错落有致，被誉为"天然氧吧、绿色屏障、生态文化长廊"。山东省滨州市滨城区蒲湖公园湖面内东南方向的清淤土台上建有雄伟高大的黄河楼。黄河楼建筑高度为70.7米，分地上12层，地下1层，地上12层中9层为观光展览层，3层为储藏设备层，建筑面积共9207平方米。蒲湖风景区的建设目标是建成集旅游观光、黄河文化、书画工艺品展销于一体的公共建筑。黄河楼工程是蒲湖风景区改造的一个重要组成部分与标志性建筑。站在黄河楼上远眺，向南可以看到滚滚黄河，向北可以看到繁华的城区。黄河楼整个颜色质感为灰红，意味黄河楼气势恢宏，更在气势上体现黄河的宏壮。黄河楼成为滨州市旅游景点的新亮点和黄河沿岸重要景观之一，从某种意义上大力推动了滨州市旅游产业和文化产业的发展。

作为"中国美丽田园"的乔庄镇位于博兴县最北部，境内黄河沿线长达10.6千米，是引黄济青渠首、国家4A级旅游景区——打渔张森林公园所在地。近几年来，当地以生态农业、现代渔业、休闲旅游业为主导产业，打造黄河水乡，建设最美田园。"花如朝霞，香雾袅袅"，乔庄境内的博华海棠园具有"齐鲁第一海棠园"的美誉。目前，园内有舞美、红宝石等30多个品种百万株海棠。春赏花，秋赏果，经过几年的发展，海棠园成为滨州远近闻名的生态景观。依托生态优势，大力发展生态产业。乔庄充分发挥沿黄生态优势，依托打渔张4A级景区品牌效应，扎实推进乡村旅游工作。依托黄河水工文化、黄河民俗文化、特色餐饮文化等旅游资源，全力打造了打渔张花卉主题公园、黄河民宿村居、沿黄百果园、乔庄水煎包等一批独具文化魅力旅游品牌，丰富了品牌文化内涵，提升了乔庄整体品牌价值。

打渔张森林公园，位于山东省滨州市博兴县境内，地处黄河入海口，因打渔张引黄灌溉工程而得名。打渔张森林公园最初是因为1956年动工建成引黄闸，并逐步开始修建引黄渠森林公园。打渔张森林公园园内河水澄碧，森林繁茂，各种飞禽走兽在其中嬉戏，充满浓郁的野趣。该公园以田园风光为中心，以"幽、静、秀、野、怡"为特色，集人文景观与大自然景观于一体。渠首观黄区、黄河堤外湿地区、打渔张水库区、渠西垂钓赏荷区、渠东自摘鲜果区是公园的五大特色景区，其中渠首观黄区包含引黄闸、渠首花园、大禹治水、黄河母亲雕塑、动物园等景观。渠西垂钓赏荷区有引黄济青沉沙池（水库）、千亩荷花池、万亩观赏水稻等景观。

滨州贝壳堤岛与湿地国家级自然保护区位于山东省滨州市境内，渤海湾西南岸，黄河三角洲平原沧州—德州和利津两大叶瓣之间的沉溺带上。数千年来发育了较宽阔的滨海湿地和贝壳滩脊相间的潮滩地貌。保护区主要位于滨州的北部，区域地貌包括滨海缓平低地、贝壳滩地、潮上湿地和浅平洼地以及潮间湿地和潮下湿地。按成因分，主要类型有滨海缓平低地、贝壳滩地、潮上湿地、潮间湿地和潮下湿地。

滨州贝壳堤岛与湿地国家级自然保护区主要景观有北海渔歌、海钓基地、贝海拾趣、盐场采风、生态科普中心、禽鸟乐园等。汪子岛是最大的贝壳堤岛，滨州境内唯一能观大海全貌的地方，有"海上仙境"之称。相传，徐福奉秦始皇之命率童男女，入海求仙取长生不死药，长久不归，父母思念远去的孩子，奔波于此岛，眺望大海，盼子归来，故名"望子岛"，后人也称"旺子岛"。贝壳堤观光带主要位于防潮大堤北，包括西起高坨子、东至汪子岛的贝壳堤岸。规划建设有贝海拾趣、海韵茶寮、贝壳艺术园等。贝壳堤更有百万亩盐田，景象非常壮观。《管子》载"暮春之初，北海之民即煮海为盐"。

在目前世界上发现的三大古贝壳堤（分别有美国圣路易斯安娜州贝壳堤和南美苏里南贝壳堤）中，无棣贝壳堤不仅纯度最高、规模最大，也是保存最完整且唯一新老堤并存的贝壳堤岛，无论是深埋地下的，还是裸露于地表的，贝壳质含量几乎达到100%。滨州贝壳堤岛与湿地国家级自然保护区内的贝壳堤岛与湿地生态系统是全世界保存最完整的贝壳滩脊湿地生态系统，是研究黄河变迁、海岸线变化、贝壳堤岛形成等环境演变以及湿地类型的重要基地。仍在继续生长发育的贝壳堤岛是山东省、中国乃至全世界珍贵的海洋自然遗产。保护区还是东北亚内陆和环西太平洋鸟类迁徙的中转站和鸟类越冬、栖息、繁衍的场所，在中国生物多样性研究工作中占有极其重要的地位。

利津黄河生态公园水利风景区是依托黄河丰富的自然资源和人文景观而形成的风景胜地。景区总体布局为"一带六节点"，"一带"是指宫家险工至王庄险工黄河大堤生态休闲观光带，"六节点"为金滩田园、和乐园、黄河外滩、黄河水文科普馆、西瓜乐园、龙门湾6个景区。景区总长27.5千米，面积约35.8平方千米。景区以水生态体系为主，展现了利津黄河的独特魅力，体现了人类与母亲河和谐相处的哲学意蕴，同时与现代黄河工程相结合，赋予了其文化、教育、生态、游旅功能，实现工程功能的多元化和产业化发展。利津黄河生态公园水利风景区的建成，对于实现生态、经济、社会效益的良性互补，对于保护黄河生态、改善人居环境、促进区域旅游业发展等具有的重要作用。

"君不见，黄河之水天上来，奔流到海不复回。君不见，高堂明镜悲白发，朝如青丝暮成雪。"黄河到海不复回的入海口现在在山东东营市的黄河三角洲地区。1855年黄河改道后，这里成为黄河入海口。具体地理位置位于渤海与莱州湾的交汇处。历经黄河几百年的流淌、冲刷与沉淀，黄河入海口如今成了中国最广阔、最年轻、具有高度特异性旅游资源与观赏性的湿地生态系统。位于黄河三角洲国家自然保护区和国家级森林公园内的黄河口湿地生态旅游区就在黄河入海口处，它以独有的黄河口湿地生态景观闻名于世。黄河口湿地生态旅游区有各种生物1917种，其中水生动物641种。因其独特的湿地生态环境、得天独厚的自然条件，湿地生态旅游区成为鸟的栖息地与乐园。其中，国家二级保护的鸟类有30多种，也有中华秋沙鸭、金雕、白尾海雕、丹顶鹤、白头鹤、白鹳等国家一级重点保护鸟类。黄河口湿地成了集生态原始旅游、湿地科学考察、鸟类研究于一体的旅游地。

以保护新生湿地生态系统和珍稀濒危鸟类为主体的自然资源保护区——黄河口国家森林公园总面积15.4万公顷，位于古老的黄河入海口，属于黄河三角洲国家自然保护区。天鹅湖是东营市东南处的人工湖，湖内有天然生存的黄河鲤鱼、鲫鱼、草鱼、鲶鱼、黑鱼等，水面面积39平方千米，有黄河三角洲的"地中海"之称。天鹅湖是黄河三角洲地区的著名景点。拔地而起、巍然矗立于三角洲地区广饶县城以北花官乡桓台村西南隅的柏寝台，史书记载齐桓公曾于柏寝台会盟诸侯，故此台又称桓公台。

黄河三角洲是黄河入海口携带泥沙在渤海凹陷处沉积形成的冲积平原。由于黄河入河口历史上多次变迁，一般所称"黄河三角洲"，多指近代黄河三角洲，即以垦利宁海为顶点，北起套尔河口、南至支脉沟口的扇形地带为近代黄河三角洲。由于地理位置独特，三角洲地域拥有独特的生态环境，国家在此建立了山东黄河三角洲国家级自然保护区，同时依托湿地生态，旅游产业也得到开发。由于黄河多次改道，这里所指的改道是指入海口河道小范围的改道。黄河三角洲地带海拔低，仅有1米~2米，是旱、涝、碱多灾害地区，而地面略有起伏，岗地、坡地、洼地及河滩高地等微地貌景观随处可见。三角洲区域区内有小清河、弥河、白浪河、马颊河、徒骇河、黄河、潍河等河流，水系发达。历史上黄河多次改道，形成了以利津为顶点的巨大扇形区。除沿黄故道主流带分布厚度不大的浅层淡水透镜体外，均无淡水。现在东营海红港旅游区、黄河口海水浴场、红滩湿地滨海公园、胜利龙悦天鹅湖风景区等是东营市开发的重要旅游项目。

以船渡方式越过河流衔接两岸交通的地点被称为渡口。渡口一般包括码头、引道及管理等相关设施。有船摆渡过河的地方、有船或筏子摆渡的地方也称为渡口。唐代丘为《泛若耶溪》诗："溪中水流急，渡口水流宽。"元代贡师泰《朱仲文编修还江西赋此》："瓜洲渡口山如浪，扬子桥头水似云。"明代冯梦龙《东周列国志》第七十二回："招各路关津渡口，凡来往行人，严加盘诘。又遣使遍告列国诸侯，不得收藏伍员。"清代沈复《浮生六记·闺房记乐》："是日早凉，携一仆先至胥江渡口，登舟而待。"

黄河两岸自古以来为了交通而建设有许多渡口。例如：位于青海省的扎陵湖渡是黄河源头的第一个渡口。据历史文献记载，文成公主与松赞干布相会后在黄河源头所开辟的第一个古渡口，即在扎陵湖附近。该黄河古渡口自古以来在青藏高原与中原的交通、文化交流、经济往来中发挥非常重要的作用。黄河沿渡口是扎陵湖渡口之下黄河上源的第二个渡口，其具体位置在青海省果洛藏族自治州玛多县政府所在地黄河沿镇。由于受到各种条件的制约，从内地通往西藏的重要驿站和古渡口自唐代以来都只能靠牛和羊皮筏子作为工具渡河。

黄河山东段也有许多渡口。例如：西魏渡口，位于黄河南岸，长清区西魏村；阴河渡口，位于黄河北岸，齐阴县阴河村；北店子渡口，位于黄河南岸，济南北店子村；齐河渡口，位于黄河北岸，齐河县旧城南门；泺口渡口，位于济南市北郊泺口镇；清河镇渡口，位于惠民县清河镇；道旭渡口，位于滨州市道旭村；东关渡口，位于利津县东关；等等。

西魏渡口，对岸为齐河县阴河渡口。西魏渡口，位于长清城西7千米处黄河东岸，西魏村西，上距平阴黄河公路大桥52千米，下距北店子渡口23千米。对岸因系曲流河岸凸岸，坡度缓和，近岸水流和缓，泥沙淤积严重，渡船不能泊岸，故需下行1千米，至齐河县阴河渡口停靠船舶。北店子渡口，对岸为齐河渡口。北店子渡口，位于济南市八里桥西北22千米处，黄河东岸，吴家堡镇北店子村西南，上距长清区西魏渡口、下距济南市北郊泺口渡口均23千米。

齐河渡口，位于齐河县旧城南门，对岸为北店子渡口。北店子渡口对岸因泥沙淤积严重，渡船不能泊岸，故需下行1千米，至齐河县齐河渡口停靠船舶。史载齐河旧城，"城门东曰临济，南曰瞻岱，西曰康成，北曰拱极"，济水后称大清河。20世纪70年代，齐河县城迁至京沪路上的晏城镇。齐河县老城虽在，但齐河渡口已废弃不用。

泺口渡口也称"洛口"渡口，位于济南市北郊泺口镇，自古以来是济南北郊的门户，由于地处省会济南，素有"山东黄河第一渡"之称。历史上济南城北最早和最著名的渡口就是泺口。据《左传》记载，公元前694年齐襄公和鲁桓公就曾经相会在泺水边。北魏郦道元注解说，泺水发源于济南的趵突泉，然后"泺水又北流，注入济，谓之泺口也"。据说直到清末，泺口还有齐襄公和鲁桓公相会的"泺上台"遗迹。因此，自古以来泺口渡口就是南北往来的咽喉要道，水陆运输昌盛。1885年黄河改道以前，泺口为泺水汇入大清河处。1953年，泺口渡口在黄河南岸建起石砌码头。经济南市政府不断改建，至1985年，南岸建成东西长78米、宽20米的三级石砌码头。20世纪80年代前根据水情构筑临时土码头连接趸船，后改为浮动码头。济南黄河大桥于1982年修建，建成后泺口渡口的重要性逐步降低，但对于黄河两岸的普通百姓而言，泺口渡浮桥仍是重要通道。

清河镇渡口，位于山东惠民县城东南33千米清河镇南侧黄河北岸，下航1千米至南岸的高青县海里干村。渡口形成于清朝咸丰年间，以木船摆渡行人，连接庆（云）淄（川）公路，是鲁北交通要津。1962年，正式辟为公路渡口。道旭渡口，位于滨州市南5千米处的道旭村，连接张（店）义（和庄）公路。相传明代初年，韩姓人在此立村，因村东官道而被称为"道西村"。清代黄河改由山东入海，道西村形成一个渡口。村民请的日本测绘师，将"道西"标为"道旭"。道旭被辟为渡口后，村民以渡口谋生。1952年，惠民专区（滨州市），迁至北镇（滨州市区）。1972年，修建滨州黄河大桥，道旭渡口成为游览景点。东关渡口（小街渡口），位于利津县城东关，与垦利区小街村隔河相望。隋唐时，黄河由此入海。隋开皇年间，在河东岸建水利镇。唐垂拱年间，黄河渡口在县城之东，称"东津渡"。明昌三年（1192年），水利镇和东津二地，合并为"利津县"。元代，利津县城迁至西岸，筑利津新城，渡口即在东门外。清朝，利津县水皁盐场，为山东8大盐场之冠。清朝咸丰五年（1855年），黄河夺大清河道入海，东关渡口成为黄河最后一个大渡口。2000年，东关渡口附近修建黄河公路大桥，东关渡口失去作用。

历史上，黄河常年泛滥，给两岸人民带来巨大灾难，在无力征服水患的条件下，人们不得不祈求河神福佑。河神是中国民间最崇拜、最有影响力的河流之神，又称河伯。河伯通常是专指黄河水神。殷王朝是一个敬鬼神的朝代，王朝上下无论是王侯将相还是普通百姓对河神的祭祀都极为重视，各个地方都建立河神庙。从《史记·滑稽列传》中"西门豹治邺"的故事我们可以看到当时河神崇拜的狂热程度。历代帝王还为黄河河神加封。《史记·封禅书》："及秦共天下，令调官所常奉天地名山大川鬼神可得而序也。水曰河。"《旧唐书·礼仪志四》：唐玄宗天宝六载，河读（即河神）封灵源公。《宋志·礼志八》：仁宗康定元年，封河读为显圣灵源王。《元史·顺帝纪》加封河读神号灵源神佑宏济王。

河流对于人们的生产生活影响巨大，封建社会人们对河流的认识相对有限，因而河神祭祀在古代具有重要地位。传说黄河之神有许多位，但普遍认为主要有巨灵和河伯两个。巨灵为黄河水神之说在民间并不流行，最初见于张衡《西京赋》中。《搜神记》则说：巨灵因造山川，出江河，被尊为黄河神。河伯为南北各地之共同信仰。"河伯乃黄河水神，自殷商而降，至于周末，为人所祭祀，位望隆崇。"①河伯始见于《楚辞》。在战国至秦汉期间民间所传说的河伯形象，有白龙、大鱼、人面鱼身等多个形象。魏晋南北朝之后，道教在民间逐渐传播开来，各种传说也层出不穷，有的将河伯视为得道成仙的仙官。陶弘景《真灵位业图》将其列在太清右位。唐朝以后，江河湖海各处水神为龙王所占据，河流之神也变成了龙王；河伯之神除了在道书、小说中偶有提及外，已经逐渐在民间信仰中消失。

在黄河下游的民间崇信中，龙王主水旱丰歉，天旱向龙王求雨，其内容相同。但真正为鲁西南黄河岸边人们所崇信的河神，主要是明清以来官封民信的"大王"和"将军"，还有下层百姓根据自己的想象所创造的其他民间神。清王朝对治理黄河水患尤为关注，康熙皇帝曾感叹"河涨河落维系皇冠顶戴，民心泰否关乎大清江山"，雍正皇帝曾经亲自坐镇武陟指挥治理黄河。明清以来，对大王、将军的崇信十分流行，加之官方提倡"诏滨河州县皆为王立庙"，使得河神庙所在有之。经过人口迁徙、商贸往来，人们口口相传，最终形成了鲁西南地区黄河两岸人民内心的精神信仰。至今，菏泽地区仍有古迹遗存，向我们昭示着，这些信仰曾在鲁西南黄河流域人民心中牢牢扎根。

虔诚的老百姓在沿河修建了无数大小不一的大王庙，并创造了形形色色的祭祀仪式，只为了供祭河神。在大王生日这一天，香火缭绕，钟声不绝，人们举行盛大、异常热闹的庙会。在船舶靠岸、洪水到来或退去之时，以及除夕、二月二等重大节日，方圆几十里甚至上百里的老百姓扶老携幼、摩肩接踵地聚集到庙里烧香许愿、还愿。"如今，大王庙已所剩无几，然而民间河神祭祀遗俗犹存。这些都将永远成为黄河文化乃至中华传统文化宝库中一笔无比珍贵的文化财富。"②

黄河鲤鱼，别名"鲤鱼""黄河金翅鲤""鲤拐子"，体侧扁，腹圆，2对颚须，咽齿3列，鳞片34~38片，是黄河的特产，在中国是一种具有"神性"

---

① 袁珂：《中国神话传说辞典》，生活辞书出版社，1985，第253页。
② 宋立杰：《山东水文化》，中国社会科学出版社，2017，第16页。

的圣鱼。产自黄河的鲤鱼鳞片金黄闪光，背部稍暗，腹部色淡而较白，为中下层杂食性鱼类。黄河鲤同淞江鲈鱼、兴凯湖鱼、松花江鲑鱼被共誉为我国四大名鱼。黄河鲤鱼以色泽鲜丽、肉质细嫩、气味清香而著称。自古以来人们对黄河鲤鱼情有独钟。鲤鱼早在春秋战国时代就被当作贵重的馈赠礼品，可见其在人们心目中的地位。《史记·孔子世家》中就记载了一个关于黄河鲤鱼的著名故事。鲁昭公非常看重孔子，当孔子的儿子出生后，鲁昭公特意派人送来鲤鱼作为贺礼，孔子对此十分感激，便将自己出生的儿子取名曰孔鲤。因此山东孔府上下至今有不吃鲤鱼的禁忌或传统。

黄河流域山东段气候相对温和，年日照时间和鱼类生长期长，黄河滩生长着大量的野生杂草可作为鱼类饲料，水中富含水生生物生长所需的各种营养盐类，是山东省境内河段盛产优质黄河鲤的重要原因。黄河鲤肉质细嫩鲜美，向来被称之为食之上品，自古有"岂其食鱼，必河之鲤""洛鲤伊鲂，贵如牛羊"之说。鲤鱼是一种具有"神性"的圣鱼。"作为鲤鱼的典型代表，黄河鲤鱼以其优美的身姿、高贵的价值和丰富的文化内涵，无疑是中华黄河文化、中华鲤鱼文化乃至中华传统文化的一张永恒的名片。"[①]

黄河滩区既是百万群众赖以生存的必需场所，又是沉积黄河泥沙、滞蓄大洪水的重要区域。黄河下游河道较为宽广平坦，河槽两侧都有广阔的滩地。滩地既有星罗棋布严重阻水的片林、村庄、避水村台、房台等人工构筑物，也有大量洼地、串沟、堤河等自然地貌，同时也存在平行河道的控导护滩工程、生产堤。

房台是黄河滩区筑的大土台，相当于建房子夯实的地基，或者宅基地，但都比较高且面积相对较大，以尽可能地避免洪水对土台上面建筑物的侵蚀。新中国成立后，各级政府与两岸群众对黄河大力整治，经过多年努力后黄河洪水泛滥、肆虐的现象基本绝迹，房台则成为历史独特的见证物被留下。为了保存房台这一历史遗物与历史"记忆"，在当地政府与相关部门的努力下，黄河畔佟家传统村落保护开发项目正式落地，保护房台成为现实。随着时代变迁与社会发展，黄河岸边历经河患、战乱、现代拆迁幸存下来的老村

---

① 宋立杰：《山东水文化》，中国社会科学出版社，2017，第16页。

越来越少，佟家村成为其中为数不多的一个。该村以其"十步一塘、百步一湾""日行河底夜宿台"的独特人文景象保留了黄河岸边文化环境的原真性，较为完整地体现了黄河滩区经济、社会发展轨迹的原始风貌。黄河畔佟家传统村落保护开发项目是对滩区历史风貌的抢救性保护，无可否认，项目的开发建设从某种程度上对原始状态必然有一定的破坏，但如果不进行开发，整个原始风貌必将彻底消失。在项目开发的同时，东营市文学艺术创作基地、黄河口文化汇馆项目的建设同步展开，有益于通过对原真性的保护和探寻，使黄河人的情感得以展现，文脉得以延续。

第三节　山东黄河段旅游面临的困境及原因

黄河流域山东段拥有丰富的历史文化与自然旅游资源，如菏泽"堌堆"遗迹、百寿坊、百狮坊、济南黄河公园、泺口黄河铁路特大桥、泺口黄河古渡口、冯塘村历史文化农业园、济南百里黄河风景区、三角洲地区璀璨的齐文化、邹平丁公遗址、惠民魏氏庄园、广饶南宋大殿、寿光双王城盐业遗址等。此外，还有丰富的节庆民俗旅游资源，如菏泽国际牡丹花会、梁山国际水浒武术节、济南千佛山庙会、趵突泉灯会、大明湖荷花节、淄博陶瓷琉璃艺术节、滨州博兴洪福园庙会等。

黄河山东段具有区位条件优越、客源充足、交通相对便利的优势。北邻京津冀地区，和辽宁半岛、韩国西海岸隔海相望，腹地广阔，经济较为发达，铁路、公路、水路及航空极为发达。北京、天津市经济发达，人均收入高，外出旅游的人极多，同时距离山东较近。这些都为黄河山东段创造了有利的旅游外部环境。

虽然黄河山东段旅游资源丰富，具有各种优势，但客观而言，无论是黄河旅游资源的开发程度、知名度还是游客数量与旅游收入，与其他地区相比仍然存在较大的差距。就开发程度而言，黄河山东段旅游资源开发还处于相对初始或落后阶段。例如云南丽江的旅游资源就开发得很好，具有丰富的特色旅游资源，像纳西族的东巴文化、摩梭人的走婚文化、三江并流、丽江古城等。云南丽江古城区对于旅游资源的保护、完善和更新工作十分重视，黑龙潭拓展项目、世界遗产公园、纳西文化走廊精品旅游线路、龙山万亩杜鹃园、七河观音峡景区、大东温泉山庄和蛇山多元文化旅游景区等项目的规划与建设是保护、完善与创新文化旅游资源的具体措施。古城区由于注重老景区的品位提升和新景点的开发建设，旅游业实现了从简单接待游客型到经济产业型，再到支柱产业的升级转变。

山东省著名旅游景点有泰安泰山、青岛崂山、曲阜三孔、济宁微山湖、临沂沂蒙山、济南趵突泉、青岛栈桥、烟台蓬莱阁等，由于知名度高，这些景点每年的游客人数与旅游收入都非常可观。然而黄河山东段沿岸的旅游景点虽然不少，但没有一个是具有高知名度的旅游景点。济南百里黄河风景区、黄河三角洲自然保护区、惠民魏氏庄园等在山东甚至全国虽然具有一定的知名度，但在全国的景点知名度排名中仍然处于相对落后区位。菏泽国际牡丹花会虽然知名度不低，但与黄河文化旅游关联度不高。游客数量及旅游收入方面，黄河流域山东段旅游景点也相当处于弱势地位。2019年泰山景区接待进山进景点游客567.9万人次，同比增长1.04%，其中进山游客417.6万人次，同比增长1.28%，实现门票、客运、索道等收入11.1亿元。济南黄河最近治理已初见成效，大片的银杏林和十里画廊黄河风景区，逐渐成了济南普通百姓日常生活中不可缺少的一部分。在2018中国黄河旅游大会上，济南百里黄河风景区被评为"中国黄河50景"，风景还是不错的。然而有游客认为它地处济南北面，比较偏，没有游客。有人认为济南的黄河风景区维护得非常不好，基本所有的建筑都是掉漆开裂的样子，路上也是黄沙漫天，走起来深一脚浅一脚的，唯一见到的工作人员就是收门票的；没见过黄河的可以去看看，见过的没必要再去了。由此可见游客数量与旅游收入乏善可陈。惠民魏氏庄园是滨州和黄河三角洲地区著名的旅游景点，庄园以其建筑群的军事风格与功能而闻名海内外。1996年魏氏庄园被国务院公布为全国重点文物保护单位。之后，魏氏庄园的文化旅游价值得到挖掘与普遍认可，于1999年被列为山东省重点旅游景点，2005年被评为国家 AAA 级旅游景区，成为滨州市首批 AAA 级景点之一。惠民魏氏庄园和烟台的牟氏庄园、四川大邑的刘文彩地主庄园齐名，并称为中国三大庄园，它是一组独具特色的城堡式民居建筑群，具有历史时代特征，住宅具有鲜明的中国古代城垣建筑的军事防御功能，是中国古代北方民居建筑的杰出代表。但有游客游玩后评论道："上个月刚去过，还好，有解说的话再加上自己玩儿两个小时够用了，但没有导游就只是逛院子了，十分钟逛完。"而牟氏庄园在吸引游客方面有更多的举措。例如，除展示积淀百年的庄园建筑文化外，还打民俗文化牌。节日期间，牟氏庄园的龙狮秧歌、吹大号、抬花轿、抛球招婚等民俗游乐项目，吸引了众多游客参与；几支民间乐队，让游客充分领略了大杆齐鸣的壮观气魄。棒槌花边、抬花轿、笙锣大杆、京剧吕剧等也争相亮相，吸引了游客的目光。民间剪纸、面塑、花饽饽等充分展示了胶东风俗的风采。通过比较可以看出惠民魏氏庄园在旅游资源开发方面有待提高。这也是黄河流域旅游景点的普遍境况。

黄河流域山东段旅游面临困境并不是个别现象，其实中国的整个旅游产业（除极少数王牌旅游景点外）面临着同样困境，从游客角度而言主要存在以下四方面问题：一是体验项目少；二是配套服务严重不齐；三是服务普遍很差；四是管理效率低下。从政府角度而言，主要存在以下五方面问题：一是管理压力大（淡季和旺季的人流差异太大，给景区管理造成很大压力）；二是留不住人（目前大多景区游览时间普遍偏短）；三是人均消费很低；四是投资能力有限；五是专业人才缺乏。

目前全国据统计有将近3万家旅游景点，其中超过7000家是A级景区，旅游景点形式多样，不可谓不丰富。近年来每年有数以千计特色农家乐、特色小镇、"网红"打卡地等旅游项目逐步兴起，加入旅游市场，企图分一杯羹。旅游行业内部的竞争在景区数量不断攀升的情况下势必加剧，这就导致绝大多数景点经营状况堪忧，举步维艰。同时各个景区不断进行着模仿与被模仿，复制与被复制的过程。因为景区规划能力弱，使得很多景点大同小异。中国大多数中小景点经营现状普遍不佳，面对的困境各种各样。大多数景点门票仍为景区的重要收入甚至是唯一收入。近年来为推动全域旅游发展，国家发改委积极推动景区门票降价，《国家发展改革委关于完善国有景区门票价格形成机制降低重点国有景区门票价格的指导意见》《关于持续推进完善国有景区门票价格形成机制的通知》的发布无疑给依靠门票盈利的景区一个重击。如果严格执行，景区必须独辟蹊径地找到能够代替门票收入的盈利模式，通过门票完全养活景区的时代可能将要结束。社会经济发展水平的变化导致旅游产业状况的改变。随着中国高铁网的逐步建设与完善，游客出行游玩越发便利，交通发达对于中小景区而言却并不是机遇而是挑战或"弊端"。发达的交通使具备旅游吸引力的城市大放异彩，加之政府有意识的城市宣传，不断吸附周边城市游客的到来。一些由新媒体不断捧红的"网红"城市如西安、重庆、成都、杭州等，严重压榨了周边旅游城市乃至其他相关城市的旅游业发展，使得游客越来越少。

说到底，旅游得具备两个条件，一是"有闲"，二是"有钱"。景区、游乐场门票动辄上百元，因此，不少人只能"望游兴叹"。那些收入低的群体，更是很难享受到旅游的乐趣。而粗暴使用低价策略，使得游客的旅游品质无法得到保障，不仅伤害自身长期发展，也严重损害行业利益。而有些景区经营者妄自尊大或是妄自菲薄使得景区无法正视自己的真实情况，为了使景区带来短时间的流量而做出错误的决定，采用错误的营销方式，最终导致景区恶性循环，一步步陷入更大困境之中。

针对黄河流域山东段旅游以及其他地区旅游面临的困境必须进行深入剖析，分析陷入困境的原因；只有找出旅游陷入困境的原因才能对症下药，找出具体的应对策略。笔者经过分析总结出黄河旅游山东段旅游资源利用效率不高或面临困境的九个方面的原因。

第一，黄河流域山东段由于行政区划等原因各自为政，缺乏总体规划，盲目开发、重复建设现象严重。黄河进入山东之后按照地级市流经菏泽、济宁、泰安、聊城、济南、德州、滨州、淄博、东营九市。更详细情况是黄河自西向东流经菏泽市东明县、牡丹区、鄄城县、郓城县，济宁市梁山县，泰安市东平县，聊城市东阿县，济南市平阴县、长清区，德州市齐河县，济南市槐荫区、天桥区、历城区、济阳县、章丘区、邹平县、惠民县，淄博市高青县，滨州滨城区、博兴县，东营市利津县、东营区、垦利区，最终在东营市垦利区流入渤海。山东黄河沿岸地形以平原为主，由黄河泛滥冲积而成，平原地势以黄河为分水岭，以南为黄淮平原，属淮河流域；以北为黄海平原，属海河流域。山地主要分布在右岸，多为中低山区。黄河山东段河道全长628

千米，流域面积1.83万平方千米。

　　"文化旅游开发规划是在文化旅游资源调研、评价的基础上，针对其文化特色，根据所在地的经济、社会发展趋势及旅游的文化品位，对文化旅游资源进行开发的设计方案和具体实施。"①黄河由于含有大量泥沙，流经各种各样的地貌，因而它成为世界上最为复杂、最难治理的河流之一，自古以来治理开发与管理任务艰巨繁重，历史上人们在治理黄河方面进行了艰苦卓绝的努力。新中国成立70多年来山东全省初步建成了由堤防、险工、河道整治工程和蓄滞洪区组成的防洪工程体系，实现了山东黄河伏秋大汛岁岁安澜，几十年来没有出现黄河决口险情。通过加强黄河水资源上中下游以及各省市的统一管理和调度，结束了山东黄河频繁断流的历史，实现了连续17年不断流。先后完成了两期535千米标准化堤防建设，使之成为山东名副其实的"防洪保障线、抢险交通线、生态景观线"。由此看出，黄河对于山东从某种意义上，比如从治理方面而言是一种负担。70多年来山东省对于黄河主要是防止水患，保证黄河流域人民群众的生命财产安全。由于社会经济发展水平、观念意识等方面的制约，黄河旅游资源的开发远远落后于其他事业的发展。山东省政府、各地市政府主要的精力投放在其他方面，没有进行黄河流域山东段旅游资源的整体规划与开发计划。从省政府层面而言，黄河流域山东段旅游资源的开发与利用没有排在较为优先的地位。即使有整体规划的想法，也没有真正落实，形成正式的规划纲要，更没有具体实施路线图与时间表。各个地市根据自身条件进行了黄河沿岸旅游资源开发的规划与实施。例如，济南市自然资源和规划局对华山北片区控制性详细规划的规划目标是打造黄河"城市观景台"。华山北片区西边、北边至黄河水体，东边至总体规划中心城用地边界，南边至济青高速路与二环北路，此规划区域的总用地面积约11.47平方千米。该区域的发展规模按计划是居住人口约6.21万人，城市建设用地约426.87公顷，按照土地使用性质和功能将片区划分为10个街区。从规划角度而言，该区域被赋予多重目标。一是泉城风貌带的"城市新名片"，二是黄河绿芯段的"城市观景台"，三是承接主城与济北副中心的"城市绿门厅"。功

---

　　① 李江敏、李志飞：《文化旅游开发》，科学出版社，2000，第25页。

能定位：对接新旧动能转换战略，聚焦携河高品质发展，立足产城融合，打造新旧动能转换先导协作基地、携河北跨新创服务生态门户。显然这样的规划只是局部规划，从其目标来看主要是城市发展与房地产开发；黄河只是规划的一个地理特色资源，规划的主角不是黄河，也不是黄河旅游。从各种意义上讲，这样的规划甚至只是一种权宜的局部规划。

各自为政致使有的地区或部门的领导干部，往往片面强调本地区本部门情况的特殊性，推行"土围子""土政策"，还美其名曰"创造性地开展工作"，其实是各自为政、分散主义。各自为政以致空耗发展运营成本和改革整体效益，导致资源的利用效率大大下降甚至浪费。

重复建设是一种浪费性或无效益的简单建设，主要表现为空间分布上的重复和时间分布上的重复。空间分布上的重复建设，即某建设项目在一定区域范围内是重复的，没有差异性；时间分布上的重复建设指某建设项目在一定时期内是重复的，前后两种建设雷同。建设项目在时空分布上都是重复的情况也存在。造成旅游资源低水平重复建设的现象普遍存在，原因多种多样，缺乏统一规划是重要原因。旅游资源多头归属，多头开发，各自为战，缺乏科学的整体规划，或者是有了规划，经济利益驱动，投资饥渴，开发项目面广点多，投资分散，有些参与旅游项目开发的企业急于实现效益，但又没有足够的实力，受短期行为和资金不足双重驱动下容易产生粗制滥造的冲动，最终导致不良后果。

第二，硬件配套设施不完善，基础设施建设滞后。软件难以适应新形势，旅游品牌、精品意识淡薄。交通运输、通信、水利水电、城市供排水供气、供电设施以及提供无形产品或服务于科教文卫等部门所需固定资产等是旅游最基本的基础硬件设施。旅游配套设施是基础设施的附属设施，也是旅游业必备的重要资源，包括如停车场、酒店、饭店等旅游接待设施，购物商场、商店等旅游购物设施，KTV、电影院等娱乐设施，以及必要的医疗救护设施等。景区配套设施的范围其实很广，如信息服务（包括基本的通信网络等）、物品寄存、问讯处、邮局、快递服务、外币兑换、电话电报、自动取款、饮水点、医疗诊所、吸烟点、公共厕所、垃圾桶等都属于旅游配套设施。一个景区的基础运营离不开这些。随着社会发展水平的提高，娱乐功能配套是必要，也是较容易做出特色的配套建设。

　　然而通过实地考察，黄河流域山东段旅游区或景点的配套设施及辅助设施建设滞后、不完善现象较为突出。例如，某些黄河湿地公园，由于远离城市甚至乡村，交通除了主干道外并不发达，物品寄存、问讯、邮局、快递、外币兑换、电话、厕所、自动取款、饮水点、垃圾桶、吸烟点等配套设施残缺不齐。除了湿地公园的基本元素外，没有娱乐设施，游客除了自娱自乐，难以找到娱乐休闲设施。现在旅游的个性化特色越来越明显。例如，亲子游就是目前逐渐兴起的一种热门旅游的方式。亲子游顾名思义是指家长带着孩子实施亲情影响的有目的、有计划的教育旅行活动，是一种以亲缘关系为基础，以建构良好的亲子互动关系为目的的特色旅游形式。相比其他旅游项目，亲子游对于出行中孩子的吃穿用住和出行安全及儿童的接受程度提出了更高的要求，对于旅游设施会有特殊的要求。中国旅游研究院院长戴斌对此表示："注重小孩子的决策、话语权的增加，注重对家庭亲情观念的培养，我们会发现我们的商家越来越注重对市场进行无限的细分。"[①]市场的细分对旅游基础设施及其配套设施提出了更高的要求。但我们反观山东黄河段旅游基础及其配套设施，可以发现许多地方没有达到最基本的要求。究其原因，可以发现许多制约因素。由于黄河沿岸的一些景点非常小，本来市场规模不大，如果投入巨资进行基础旅游设施建设，可能难以收回成本。这给政府与经营者出了一道难题，在政府经济实力不是很强的情况下，大规模基础设施投资就成为不可能实现的宏愿。另外，有些景区距离城市较远，市场规模有限，因此大规模投资也是一个难以抉择的难题。然而不进行基础设施及其配套设施的投资，景区难以形成吸引力，游客的减少反过来制约了投资的需求。

　　旅游品牌、精品意识淡薄也是黄河流域山东段旅游市场存在的问题。北京故宫、八达岭长城、承德避暑山庄、长江三峡等旅游精品，名牌效应给景区带来了极高的人气与旅游收入，是旅游品牌建设与旅游收入良性循环的范例，由此可见旅游品牌、精品的巨大威力。黄河流域山东段旅游景区总体而言还没有名牌或精品产品，各个景区或景点争创旅游名牌的意识比较淡薄。

---

① 田虎：《亲子游潜力大但供给不足　需细化标准解决痛点》，光明网，http://travel.gmv.cn/2018-06/12/content-29247720.htm，引用日期：2018年10月15日。

究其原因：客观因素有资金短缺、政策束缚等；主观因素有小农意识、畏难情绪等，二者中占主要方面的是主观原因。

第三，保护机制不完善，存在忽视和放弃黄河文化遗产现象，"千城一面"削弱了沿黄城市的鲜明个性和独特价值。文化遗产保护工作对保存文化多样性、唤醒文化自觉、传承历史文脉、增强文化自信和民族认同感具有重要价值与意义。文化遗产是一个国家或者一个地区、民族的文明象征和文化积淀。黄河流域在新石器时代就有人类部落，在下游山东一带孕育了龙山文化、大汶口文化，与黄河中上游地区的马家窑文化、齐家文化、裴李岗文化、老官台文化、仰韶文化共同塑造了黄河流域最初的文化形态。山东流域黄河文化在漫长的历史时期中衍生出了包括农耕文化、治黄文化、移民文化、生态文化、民俗文化、红色文化、农垦文化、航运文化等内容的多姿多彩的文化，并与齐文化、鲁文化、泰山文化、泉水文化等山东地域文化交融在一起，成为山东文化中不可或缺的重要元素。

山东沿黄地区拥有200多项非遗项目，黑陶烧制技艺、黄河打夯号子、鼓子秧歌、沿黄区域节庆习俗、各地农事节事活动、神话传说、民间故事等均具有独特的山东黄河文化特性。山东黄河流域史前文明成果丰富，黄河故道、防洪河道、岗丘埚堆、防洪堤坝等遗址遗迹众多，遍布北辛、大汶口、龙山、岳石及夏商文化遗址遗迹。这些遗址遗迹是黄河流域宝贵的文化遗产，必须予以保护、重新审视和梳理。

虽然黄河文化遗产非常重要，但现实中并没有进行充分的保护，有许多文化遗存在风吹日晒中慢慢消失。山东省政府及沿黄各个地级市政府对于辖区内的文化遗存十分重视，曾经出台各种各样的文件进行保护工作，但由于种种原因，如财政能力有限、专业人才匮乏、文化遗产本身缺陷、政策落实不力、决策失误等原因，黄河流域文化遗产的保护工作差强人意，有的地方还存在较为严重的问题。

黄河三角洲古文化遗存众多，"近年随田野考古工作的不断发展，其不同时期的文化遗存，也均有发现"[①]。例如，傅家遗址位于山东省东营市广饶县城

①　徐其忠、李靖莉、王燕：《黄河三角洲古文化遗存研究》，山东人民出版社，2002，第40页。

南 1.5 千米的傅家村①，傅家遗址可能代表了鲁北地区一个新的文化类型。它的发现和发掘，对深入探讨黄河下游地区的古代文明具有重要价值。②傅家遗址于 1981 年 5 月被广饶县人民政府公布为县级文物重点保护单位。③1992 年被山东省人民政府公布为第二批全省重点文物保护单位。④2006 年 5 月 25 日被国务院公布为第六批全国重点文物保护单位。但是对于这样一个重要遗址，对其的保护只是基本的保护，没有对其旅游价值进行发掘与深度开发。而对于黄河流域没有如此大规模的遗址，在没有冠以文物保护单位的情况下，很多都没有得到基本的保护，因而面临着消失的困境。

第四，对保护对象和范围的认知存在较大差异，片面追求经济效益，人为因素使黄河历史文化和自然风光退化或消亡。文化遗产包括物质文化遗产和非物质文化遗产。物质文化遗产包括古遗址、石窟寺、石刻、壁画、古墓葬、古建筑、史迹及代表性建筑等。非物质文化遗产包括口头传统、传统表演艺术、民俗活动和礼仪与节庆、传统手工艺技能等。由于现实中界定是否是文化遗产仍然存在着许多问题，如保护范围应该多大，什么年代的可以归为文物，一些处于模糊地带的东西如何界定等都存在问题与争议，这就为现实中遗弃、破坏文化遗产留下了空间。

经济高速发展为社会进步、人们生活水平提高提供了物质基础，然而它们对于文物保护从某种意义上而言却是一种威胁。并非文物保护工作与工业、城市建设工程总会不可避免地发生冲突，但现实中产生冲突的概率却比较高。一般来说文物保护在许多房地产开发商眼中无异于眼中钉，开发商往往呈现出粗鲁、漠然的对待态度。在利益的诱惑下，文物保护常常被要求让步项目开发。黄河流域处于经济大发展、基础设施建设以及城市化的浪潮中，其中的许多文物及遗存也面临着困境。在高速公路、高速铁路、住宅开发、城市扩容背景下，文化遗产保护处境艰难。片面追求经济效益等人为因素使黄河历史文化和自然风光退化或消亡成为一种不得不面对、不得不解决的问题。

---

① 王志民：《山东省历史文化遗址调查与保护研究报告》：齐鲁书社，2008，第 345 页。

② 朱正昌：《遗址》，山东友谊出版社，2002，第 38 页。

③ 山东省政协文史资料委员会：《山东重大考古发掘纪实》：齐鲁书社，1998，第 72 页。

④ 朱正昌：《遗址》，山东友谊出版社，2002，第 38 页。

第五，对黄河流域文化遗产家底没有调查清楚，缺乏完整保护方案。摸清文化遗产家底对于文化遗产保护至关重要。新中国成立后我国曾开展过3次全国性的大规模文物普查活动。第一次全国性文物普查工作从1956年开始展开，但由于受到各种条件的制约，此次普查工作规模较小，普查流程与标准也不规范，基本上没有留下可靠的普查统计数据。自1981年秋至1985年展开第二次全国文物普查，虽然其规模和成果均超过第一次文物普查，但受资金、技术、交通等制约，漏查现象仍然普遍存在。2007年6月至2011年12月展开第三次全国文物普查，与前两次普查相比，这次普查较为全面真实。

1956年11月至1957年6月，山东省文物管理处组织进行了全省范围的文物普查，共发现古遗址1008处，古墓葬4805座，古建筑864处，石刻1698处，收集文物23987件。非物质文化遗产是具有民族历史积淀和广泛、突出代表性的民间文化遗产。山东省省级非物质文化遗产名录包括民间文学、传统音乐舞蹈戏剧、曲艺、传统体育与竞技等众多种类。截至2016年共公布四批目录。第一批共计19项，第二批共计143项，第三批共计62项，第四批共58项及扩展59项。①然而这些文物或文化遗产普查只是针对较为重要、有影响的重要文物遗产进行的调查，对于一些不知名、零散、难以界定的文化遗产并没有统计在内，也就是说普查并不是严格意义上全面无死角的普查，同时受到普查经费、普查人员数量、普查人员专业素质等的影响，总体而言普查还是较为笼统的。

黄河流域文化遗产、遗存、古迹等同样由于不知名、零散、难以界定、相关部门重视不够、缺乏统一规划实施、经费人员不足等原因而没有较为完善、真实可靠的统计数据。也就是说不论省政府相关部门还是沿黄河地市相关部门对于黄河流域文化遗产的家底并没有摸清。对辖区内资源没有全面真实的数据就不能较好地进行相关规划，即使有所谓的整体规划，其科学性、真实性、可行性、时效性也存在诸多缺陷与不足。

第六，经济发展不平衡，经费不足，各级文保部门力不从心，缺乏交通、

---

① 山东省人民政府：《关于公布第四批省级非物质文化遗产代表性项目名录和省级非物质文化遗产代表性项目名录扩展项目名录的通知》，山东省文化厅官方网站，http://whhly.shandong.gov.cn/art/2016/3/30/art_100579_7257027.html，引用日期：2018年6月30日。

水利、环保等部门支持。由于文化保护相关单位一般不直接从事物质资料生产，没有独立、稳定的收入来源。或者虽有一部分收入，但大都不足以抵补本身的业务支出，因此需要国家预算拨付经费。文化遗产保护工作需要大量的经费投入才能将保护工作做好，这些经费包括人员工资、保护硬件设施投资经费、日常管理经费、专家咨询费等。由于许多文化遗产的保护工作需要政府的直接大量投资，但又难以发挥社会经济效应，对政府部门而言是一种沉重经济负担，因而在政府部门经费不充足的情况下，文化遗产保护经费不足就成为一种必然现象。没有经费，许多工作无法进行。特别是黄河山东段各地市除个别城市经济相对发达外，许多地市的财政经费捉襟见肘，又由于黄河流域文化遗产相对分散、不集中，保护难度大，经费需求大，因此现实中文化遗产保护不理想就成为一种必然。

长期以来我国行政的一个突出特点是机构设置偏多，职权交叉重叠，决策与执行不分。同时部门利益至上的思想根深蒂固，在政策的具体执行过程中，凡是能巩固、谋取部门利益的政策就积极执行；凡是与部门利益相抵触、难以谋取部门利益的，则消极对待。文化遗产保护工作牵扯到许多部门，如交通、环保、水利、公安、司法、财政、旅游、工商、银行、邮政等，由于部门利益作祟，在文化保护过程中难免受到掣肘。如果没有政府主要负责人的强力介入，许多工作单单靠一个或两个部门难以完成。

第七，旅游从业人员素质不高，开发及管理滞后。旅游从业人员处于旅游接待工作一线位置，直接为宾客提供服务，他们的言谈举止、行为规范代表着旅游区及其公司的形象，其水平及工作质量高低直接影响旅游企业的服务效果。旅游从业人员须具备良好职业道德、丰富科学文化和业务知识、娴熟的服务技能以及健康的心理等基本素质[1]。旅游接待人员应具备良好的业务技术素质，业务技能素质包括熟练的专业操作技能。对各种旅游游乐设施必须熟练操作，对各种专业性的操作必须熟悉规章制度。业务技能还包括良好的语言表达能力。语言表达能力非常重要，如果游客来询问与景点相关的知识不能流利、清晰地表达就不能满足游客的求知欲、好奇心等要求，就难以

---

[1]　何立萍:《旅游业礼仪》，杭州出版社，2008，第5页。

获得游客的好评，影响景区的口碑，也就影响景区的收入与人气，最后对景区构成隐形伤害。

旅游从业人员必须具备良好的人文素质与心理素质。文化知识是人类认识、改造自然和社会的经验积累，是人类文明萌生、开化、发展的结果。旅游从业人员只有具备广博的人文知识才能成为一名优秀的旅游从业人员。心理素质对于从业人员十分重要，因为每天要面对不同的游客，面对不同的突发事件，如果没有良好的心理素质，从业人员不能控制自己的情绪，轻则影响工作效率，重则影响公司形象，甚至酿成事故。

旅游从业人员素质不高的原因有多个方面。大多数中小旅游企业的从业人员由于入围门槛低、工资待遇低、福利低、稳定性低、地处偏远等原因，喜欢到这些地方工作的人才较少，因而整体而言旅游从业人员素质有待大幅度提高。旅游区开发及管理落后也是中小旅游公司或景区的薄弱环节。特别是中小规模旅游区及旅游公司的整体管理水平普遍不高，规模小，缺乏专业管理部门，缺乏必要的规章制度，抗风险能力差，这些都制约了管理与开发水平的提高。

第八，宣传促销力度不够，市场知名度低。宣传是一种营销手段。所谓宣传营销，以旅游企业或景区为例就是利用既有的传播资源对相关旅游产品或景点以及服务进行推广，引导、刺激社会中的潜在消费者产生旅游、参观或游玩的欲望，从而提高旅游经营者的经济效益和社会效益。

知名度对于旅游企业或景区而言至关重要，知名度高，许多人会慕名而来，知名度低则乏人问津。知名度与宣传之间有密切的关联。当一个景区刚刚开发出来或者刚刚被发现，知道它们存在的人较少，来旅游参观的人也就较少。此时对其进行大力宣传让越来越多人知道它、了解它就成为当务之急。黄河流域一些偏远、规模小的文化遗存之所以没有大量游客，一个重要原因就是知道了解的人太少，因此必须进行大力宣传。

通过宣传提高黄河流域旅游景区知名度，从而提高游客数量，增加旅游收入，这一策略许多人都知晓，但现实中却难以有效运用。一方面，无论是电视广告、网络推广还是制造轰动新闻事件都需要大量的人力物力与财力。对于中小单位而言，集中人力物力财力搞一次或多次宣传可以，但长时间的大量投入却难以为继。因为宣传许多情况下并不能马上见效，不能立即收回投入，因此面临诸多困境。另一方面，旅游景区与产品必须具有较高的质量或异质性才能真正持续地拥有高知名度，如果旅游景区质量或体验度不高，即使持续投入大量经费进行宣传也难以奏效。黄河流域许多景区或景点本身规模小、同质化高，从旅游体验度而言并不突出，因而面对更多的困境。

现代社会中的宣传不是单一行为而是一项系统工程，宣传过程中，一系列战略、战术和方法问题贯串其中。宣传者的态度、宣传内容的强度及宣传形式的灵活度等是宣传过程中的战术手段，在宣传策划时必须加以设计。特别对于黄河流域旅游资源的宣传必须经过缜密的策划，经过反复的论证后才可以进行有针对性、高强度的宣传，如果盲目宣传，可能导致资源的浪费而收效甚微。

第九，面临相邻区域的激烈竞争。随着经济的发展、人民生活水平的提高，越来越多人出门旅行。然而在各种利益的驱动下，如经济利益、提高地方知名度，甚至是完成上级任务等，各种各样的旅游景点或景区雨后春笋般在中国的各个角落出现。有的地区每个村庄都建设一个或几个景点。新景区的大量出现必然对旧景区产生挤压作用。黄河流域旅游资源有自身的弱点，比如规模不大、偏远、零散、知名度不高、旅游体验度没有优势，并且现在人们的旅游个性化越来越强，旅游资源稀缺性越来越弱，因此黄河流域旅游与其他景区相比并没有明显优势，面对的竞争压力也越来越大。

随着社会经济的发展人们出游的意愿越来越强，旅游人数越来越多。据中商情报网报道，2019年全年国内游客60.1亿人次，比上年增长8.4%；国内旅游收入57251亿元，增长11.7%。但是随着大量新景点的出现，平均每个景点的人数并没有相应提高，不知名的中小景区反而在竞争中游客人数逐年减少。同时，黄河流域周边地区旅游资源相对丰富，加剧了竞争力度。北边的北京、天津，东边的青岛、烟台，南边的济南、泰安、曲阜，西边的黄河中游的中原地区旅游资源都较为丰富，相对而言黄河流域山东段流域资源相对处于弱势，在这多重因素的影响下，黄河流域旅游资源的开发与利用面临越来越激烈的竞争就成为一种必然，也是一种不得不面对的困境。

第五章　黄河流域山东段文化旅游资源开发策略与路径

第一节　黄河流域山东段文化旅游资源保护与开发原则

黄河流域山东段文化旅游资源区域一体化保护与开发，是一项浩大而系统的工程；在进行系统保护与开发之前必须进行规划，规划与实施必须经得起时间检验、经得起历史检验、经得起社会效益检验以及经济效益的检验。因而在实际的保护与开发过程中必须遵守一定的原则，才能避免出现失误而造成不必要的损失。特别对于一些文化遗产而言，一旦发生损害将是永久性的损失。

通过研究与借鉴其他相关研究成果及笔者的思考探索，黄河流域山东段文化旅游资源区域一体化保护与开发的实践，基于线性文化遗产保护视角，应遵循下列五项原则：原真性（真实性）原则、整体性（一体化）原则、文旅融合原则、可持续性发展原则、主线原则。

一、原真性（真实性）原则

原真性用通俗话而言就是事物原本或最初的未经过人为因素发生变异的真实状态。"真实性"一词源于希腊语，最初用来描述博物馆的艺术展品，意思是"自己做的""最初的"。在其他领域真实性（validity）亦称效度，指测量值与实际值相符合的程度，故又称准确性（accuracy）。真实性概念之后被借用到哲学领域的人类存在主义的研究中，从而有了许多衍生的含义。真实在汉语中源自佛教语。圆成实性"三性"之一，亦称真如。清朝龚自珍《南岳大师大乘止观科判》："止观境界分三科：一、真实性，即真如。"其现代含义最初是指反映事物真实情况的程度。"真实性"概念后来延伸到旅游及其他领域。自19世纪70年代开始重视"真实性"的旅游体验，期望获得更真实更深入的旅游体验，而不是走马观花、浮光掠影式的观光。1964年的《威尼斯宪章》提出将人类文化遗产真实地、完整地传承下去是政府、团体与个人责无旁贷责任的观念。《威尼斯宪章》本身从某种意义而言正是对保护遗产原真性的最好诠释，奠定了原真性对国际现代遗产保护的意义。《威尼斯宪章》对于中国的文化遗产保护也具有正面价值。原真性随着社会发展于20世纪60年代被引入遗产保护领域，此后原真性观念也随着现代社会的演化和对遗产的认识而发展并超过了它的传统含义。20世纪90年代在日本古都奈良通过的《关于原真性奈良文件》（1994）是有关原真性问题最重要的国际文献。文件对原真性的定义、评估和监控文化遗产等诸多方面都进行了阐释与规范。

黄河流域山东段文化旅游资源区域一体化保护与开发坚持真实性原则就是必须保持流域内物质文化遗产、非物质文化遗产等的原始状态，尽量不对其进行所谓的修复、改造。然而在现实中许多人在文化遗产保护热潮中热衷于对古迹遗址的修复和重建。重建与中国文物保护法规中尊重现存实物遗存以及保护文物古迹的原真性原则虽然相悖，但在现实中这种现象却较为普遍，客观上严重影响了人们对文化遗产保护的正确认识和评估。因此在进行保护与开发之前就必须明确真实性原则，尽可能不改变黄河流域文化旅游资源的原始风貌。不管出于何种目的，对于改变文化遗产类旅游资源的倾向都必须坚决制止。在保护与开发过程中如果发现文化遗产旅游资源被人为改变，或者由于其他原因而改变了原貌，那么必须尽量对其进行更正，尽量恢复其原始的状态。对于确需进行改变的情况（例如如果不进行整固就可能导致文化遗产永久消失或毁坏等），在经过多方面充分认证的情况下，在取得专业人士同意的情况下，可以进行必要的修复或改动，但原则是最小限度的修复或改动。只有如此才能体现原真性或真实性原则。原生态是指没有被特殊雕琢，原始的、散发着乡土与历史气息的形态，原物与原貌是原生态的，也是最美的状态。

二、整体性（一体化）原则

整体是指整个事物的全部（对各个成员或各个部分而言），是一个由有内在关系的部分所组成的体系对象。在这个体系对象内各个组成部分存在某种内在的关系，或利益共同，或功能互补，或协调行动等。整体从另一个角度而言是指由事物的各内在要素相互联系构成的有机统一体及其发展的全过程。整体的组成部分是指组成有机统一体的各个方面、要素及其发展全过程的某一个阶段。整体和部分之间既相互区别又相互联系。相互联系是指二者不可分割，相互影响。区别是指二者有严格的界限，地位和功能不同。理解整体和部分的相互关系对于实践层面而言意义重大：一是思考问题、办事情要从整体着眼，寻求最优目标；二是搞好局部，使整体功能得到最大限度发挥。

黄河自菏泽进入山东境内后，流经济宁、泰安、聊城、济南、德州、滨州、淄博、东营等9市23县（市、区），在三角洲地区的东营市垦利区注入渤海，山东河道全长628千米，流域面积1.83万平方千米。黄河山东段整个流域长度大，流经的地形复杂多样，各个地市的历史文化也大不相同，黄河流域旅游资源多种多样，千差万别，各个地市的经济、人文状况也不同，面对如此复杂的情况，切不可按照所谓因地制宜的原则各自为政、各自开发，因为前文我们分析了黄河旅游旅游资源面临的困境及其根源，正是因为各个地市、各个区县各自为政、各自开发，没有总体规划，没有形成总体优势，才使得黄河流域旅游资源没有被充分利用起来。

黄河流域山东段旅游资源站在山东省的角度而言是一个完整的整体。可以将整个山东黄河流域视为一个整体，各个地市、各个县区甚至各个乡镇黄河流域是其组成部分，它们之间的联系纽带就是线性的黄河水及其河道。区别就是各个地区旅游资源的不同形态。山东黄河流域是一个有机的整体，各个组成部分相互影响相互联系，同时也相互制约。如果各个部分相互割裂、各自为政，甚至以邻为壑、相互掣肘，最后的结果就是无法有效地利用黄河流域旅游资源。整体性原则就是把研究、开发对象视为由各个构成要素形成的有机整体，从整体与部分相互依赖、相互制约的关系中揭示对象特征、运动规律并研究其整体性性质。

"一体化"本来是指把若干分散但有一定关联度的企业联合起来组成一个统一的经济组织。后来也拓展到其他领域，如国家组织之间的一体化。

一体化使多个原来相互独立的实体通过某种方式逐步在自愿性、平等性和利益让渡性前提下，在同一体系下彼此包容、相互合作，形成一个有机整体。一体化是一个长期的、渐进的过程。现在有多种多样的一体化，比如产运销一体化、横向一体化、纵向一体化、物流一体化、QHSE一体化管理体系、集约型一体化管理体系、一体化项目管理、一体化设计、机电一体化技术等。一体化亦称综合化，其本质是将两个或两个以上的互不相同、互不协调但又有某种联系的客体，通过适当方式、方法或措施，将其有机地融合为一个整体，形成协同效力，以实现组织策划的目标。客观而言一体化有利有弊，例如一体化存在管理复杂、可能产生能力不平衡等风险；但总体而言一体化利大于弊，它不但可以提高经营效率，实现规模经营，而且能够提升控制力或获得某种程度的垄断，从而实现利益最大化。

黄河流域山东段旅游资源通过整体规划、有序推进等适当方式、方法或措施能够将菏泽、济宁、泰安、聊城、济南、德州、滨州、淄博、东营9市23县的旅游资源其有机地融合为一个整体，提升黄河流域山东段旅游资源的整体效率，形成规模效应，利用整体优势获得旅游资源利用率的最大化。如果不遵从整体性、一体化保护与开发原则，必然难以摆脱目前的困境，陷入各自为政、相互掣肘的老路与死路。

三、文旅融合原则

自20世纪80年代提出文旅融合概念以来，文旅融合促进了各国旅游事业的发展。文化和旅游融合既需要重视文化思考与内涵也需要提升游客旅游体验。文化是旅游的灵魂，旅游是文化的载体。文化和旅游从某种角度而言是一种双向互动，文化在与旅游融合之后绝不是淡化。文旅融合健康发展的重要前提是文化和旅游两者都得到充分发展，如果失去平衡就会陷入困境。

旅游是与工业不同而具有文化内涵的产业，现代旅游业不论是长城、兵马俑、故宫、泰山等传统旅游资源，还是迪斯尼主题游乐公园、文旅小镇等新兴旅游设施都离不开文化内涵赋能的支撑。即使是湖南张家界、广西桂林山水、三亚海滩等以纯自然旅游资源为主的景区也离不开文化。因为如果没有文化，旅游景区的体验就会索然无味。在可开发自然旅游资源现阶段越来越少的情况下，文化与旅游的结合更加重要。因此国家与政府也大力支持依托文化资源与创意大力发展旅游产业，提高人民收入与生活体验满意度。《国家"十三五"时期文化发展改革规划纲要》《国务院办公厅关于促进全域旅游发展的指导意见》中提出要推动旅游与科技、教育、文化、卫生、体育融合发展，科学利用纪念馆、美术馆、艺术馆、文物遗迹、博物馆、传统村落、世界文化遗产展示馆、非物质文化遗产展示馆等文化场所发展文化旅游，扩大休闲娱乐消费。同时推动旅游业与剧场、演艺、游乐、动漫等产业融合，开展文化体验旅游。文化旅游不但能满足老百姓的需要而且对于地方、城市甚至国家而言是一种极好的宣传，能够通过扩大影响而获得社会经济与文化方面的收益。

文旅融合大致主要有以下六种种表现形式。第一，体验型文旅融合。此种类型主要通过开发如节庆活动、演艺和体验类旅游活动实现目标。第二，活化型文旅融合。此种类型是指对现有的物质文化遗产进行延续利用与活化改造来发展旅游，这种形式在现实中是一种常用的形式。第三，保护型文旅融合。此类型主要以线性文化线路为主要对象，通过对文化的保护和旅游的开发利用实现文旅融合。线性文化线路旅游不仅能为旅游和文化交流提供平台，而且能通过对线路的开发促进区域旅游合作。黄河流域文化旅游资源的保护与开发利用适合运用这种类型的文旅融合。黄河水体与河床及两岸岸堤构成了线形平台。这方面成功的例子也不少。印加路网遗产项目就是一个线性文化与旅游融合的成功范例。2014年根据文化遗产遴选依据与标准，印加路网被联合国教科文组织世界遗产委员会批准作为文化遗产列入《世界遗产名录》。而中国的丝绸之路也是一个线性文化线路保护型文旅融合的范例。第四，创意型文旅融合。此类型主要是指通过文化创意设计将文化与旅游结合起来，形成新的文化创意产业，现在许多地方都在建设文化创意园区，就属于此种类型的文旅融合。成功的关键环节是文创产业是否能够发展起来。

这种类型的文旅融合模式需要进行大量的智力投资，创意人才是关键。第五，重组型文旅融合。这种类型侧重于公司、企业之间的兼并重组。其优势是能够短时间内通过强强联合取得成绩，劣势是协调与利益整合难度较大。第六，延伸型文旅融合。此类型是指旅游业与文化产业互相延伸式的交叉融合。美国好莱坞影视基地、迪斯尼乐园、东京海贼王主题乐园等是这种模式的优秀产物。这种类型的融合需要大量的人力、物力与财力投资，没有大公司的参与与主导难以获得成功。现在许多城市都在进行这方面的尝试，但国内成功的案例较少，因其规模小、同质化严重、没有新意，难以产生吸引力。

黄河流域文化旅游资源的文旅融合开发须遵循的注意事项与基本原则是在尊重文化和旅游的发展规律及客观差异的前提下，坚持统筹协调、互补共赢原则，通过系统调研与专业认证，找准黄河文化和旅游产业融合发展的切入点因地制宜、循序渐进地推进文旅融合。

四、可持续性发展原则

可持续发展是20世纪80年代提出的一个新概念。世界环境与发展委员会集中世界最优秀的环境与发展方面的专家学者历时900天时间，到世界各地实地考察之后写成《我们共同的未来》草稿并向第四十二届联合国大会提供了此报告，获得审议通过后于1987年4月正式出版。《我们共同的未来》是一份关于人类未来的著名报告，它以翔实的资料系统研究了当今世界面临的生存和发展问题并提出人类必须寻求一条新的可持续发展道路的理念，认为在战略原则方面必须将社会发展与环境保护结合起来，此报告与可持续发展理念对世界各国政府的发展理念和政策选择产生了广泛而深远的影响。由此人们认识到人类社会的持续性由社会可持续性、生态可持续性、经济可持续性三个既相互联系、相互制衡又不可分割的部分组成。可持续性发展理念虽然来自环境相关的领域，但可持续性的含义后来不断拓展，许多领域都引入了这一理念。可以说任何一个没有时间限制不断发展的领域都存在可持续性问题，因而可持续性泛指一种可以长久维持的过程或状态。可持续发展理论是将可持续性上升到理论角度、具有普遍性的观念体系，可以理解为以公平性、持续性、共同性三大基本原则为前提既满足当代人需要，又不对后代人满足其需要的能力构成危害的发展，可持续发展理论之终极目标是使事物获得公平、高效、共同、协调而多维的发展。

黄河流域山东段文化旅游资源在保护与开发过程中必须坚持可持续发展理念。在规划阶段、操作运行阶段以及后续服务阶段都必须坚持这一原则，特别在规划设计阶段必须将这一原则放在最重要位置之一，要求主管部门、投资方、专业设计人员及利益各方不能过于考虑自身利益、过于考虑眼前利益、过于草率而不经过充分论证拍脑袋式地下决定。在实践中，投资方往往只注重经济和短期利益，而不顾其他利益地片面追求利益最大化、片面追求投资最小回报周期而采取涸泽而渔或急功近利的举措。在旅游市场往往存在一些涸泽而渔式的营销现象，如涸泽而渔式的景点门票经济就得不偿失。每年"五一""十一"假期准备外出旅游时，许多人还未兴高采烈地上路就常常被"多家景区纷纷上调门票价格"的消息败些兴致，搞得人好不容易有了时间又因门票太高而左右为难。一个旅游景点或地区若把门票经济视为重要收入来源未免目光过于短浅。门票太高，游者稀少，导致客运、餐饮、住宿、文化娱乐等多个相关产业萧条，得不偿失。门票较低，普遍能够接受，给人好的印象，拉动其他产业，最后总收入反而较高。再比如，在旅游景区开发房地产，虽然能够带来快速而巨大的投资收益，但这些开发是建立在破坏景区整体可持续发展利益至上的，因而是短视的、急功近利的行为，在任何文化旅游项目开发中都必须坚决制止，不能有任何犹豫。

黄河流域山东段文化旅游开发是一个浩大的工程，做得成功是利国利民的百年大计，做得不好则会严重影响山东的整体旅游产业，浪费极大的人力物力与财力，更为重要的是可能严重损害黄河流域稀少而珍贵的文化遗产旅游资源。因此可持续发展的设计规划、可持续发展的建设、可持续发展的运营、可持续发展的后续维护修缮对于保护与一体化开发至关重要。可持续发展理念必须贯穿于所有项目的全过程。

五、主线原则

主线本是绘画的一个术语，是指图画中描写物体必要的基本线；与之相对的是副线，是指用作补助或描写小部分的线。副线不能独立单独表现某种物体，而主线则可以。这就是它们的区别。

　　文化旅游资源开发中的主线原则是指在规划开发时必须要有一个占主导地位或主要统领地位的发展线路、脉络或主题。特别对于像黄河流域山东段旅游资源开发利用这样大规模的项目，如果规划设计者没有一个清晰的发展主线或主题来统摄长达几百千米、面积超过一万平方千米流域内的文化遗产及其他旅游资源，是难取得成功的。如果没有主线或主题，也就没有真正的统一规划，各自为政，或者各自建设运营，那么最终的结果必然是杂乱无章，形不成规模效应、拳头效应和名牌效应。

　　主线或主题原则是规划设计、实施运营以及后续服务的指导原则或思想。在规划设计或其他环节中如果出现与主线、主题明显不相符或冲突的现象就必须坚决更正，因为容许这些现象的存在就模糊、偏离了最初的理念。主线可以说是整个项目的灵魂，对主线的选择十分重要，从某种意义上关系到整个项目的成败。在中国或世界上有许多成功的案例。

　　丝绸之路是一个线性文化遗产视域下旅游资源保护与开发的范例。丝绸之路分为陆上丝绸之路与海上丝绸之路。陆上丝绸之路是以京城长安（今西安）为起点，经过我国的甘肃省与新疆维吾尔自治区到达中亚、西亚，并连接地中海各国的陆上通道。由于东汉时期都城在洛阳，因此洛阳就成了东汉时期丝绸之路的起点。陆上丝绸之路有多条分支。如南方陆上丝绸之路和草原陆上丝绸之路。南方陆上丝路即"蜀—身毒道"，由3条道组成，即灵关道、五尺道和永昌道。因穿行于横断山区，又称高山峡谷丝路或秘密丝路。草原丝绸之路作为当时游牧文化交流的动脉，是丝绸之路的重要组成部分，它指蒙古草原地带沟通欧亚大陆的商贸大通道。由中原地区向北越过古阴山、燕山一带的长城沿线，西北穿越蒙古高原、南俄草原、中西亚北部，直达地中海北陆的欧洲地区。

　　联合国教科文组织第38届世界遗产委员会会议于2014年6月22日在卡塔尔多哈召开，会议审议通过了由中国、哈萨克斯坦、吉尔吉斯斯坦三国联合申报的世界文化遗产"丝绸之路：长安—天山廊道的路网"项目，该项目成功列入《世界遗产名录》。中、哈、吉三国联合申报的陆上丝绸之路的东段，成为首例跨国合作而成功申遗的项目。"丝绸之路：长安—天山廊道的路网"

项目的主线从地理层面而言就是线路，而从历史文化层面而言就是交通运输历史、人文交流历史。申报的主要项目内容也是紧扣地理与文化主线的。这成为丝绸之路的灵魂，也是申遗成功的关键。

　　大运河文化遗产整体申遗成功也是一个线性文化遗产旅游资源保护与开发的范例。大运河文化又称"京杭大运河文化"，是中国漕运实践中所创造的物质财富和精神财富的总和，包括历史、地理、风土人情、传统习俗、生活方式、文学艺术、行为规范、思维方式、价值观念等，囊括了中国若干个朝代的政治、经济、军事、文化等国家因素与非国家因素。大运河文化包括大运河物质文化和大运河非物质文化，属于独一无二的"活"的文化遗产。大运河山东段作为大运河申遗的重要组成部分，成为山东省继泰山、"三孔"、齐长城之后的第四处世界文化遗产。大运河文化申遗的策略也非常明确，地理方面就是线性的大运河水体、河床、两岸及周边地域，文化方面就包括了民俗学、民族学、衣食住行、生活方式、行为规范、文学、地理学、水利学、艺术学、历史学、制度学、政治学等内容。在申遗过程中，相关部门对大运河进行了长期而艰苦的整理、修复，对于对大运河文化有损害作用的因素坚决拆除。例如，大运河沿岸各地方政府就拆除了大量现代建筑、工厂、房地产项目，其目的是维护线性大运河的文化主线。

　　黄河流域文化旅游资源的保护与一体化开发须借鉴丝绸之路、大运河、欧洲文化廊道等方面的经验，坚持文化主线设计理念，整合山东段黄河流域文化资源，将之打造成具有整体性、特色文化性的大型文旅融合项目。

第二节　黄河流域旅游资源发展策略与路径

　　黄河流域山东段旅游资源区域一体化开发与高质量发展是一项浩大的系统工程。我们探讨了黄河文化的内涵、发展脉络，分析梳理了山东段黄河流域现阶段文化旅游存在的问题，总结了文化遗产保护与开发应遵循的基本原则，接下来要探讨的是如何实现黄河流域旅游资源区域一体化开发与高质量发展的目标。由于研究还处于初始阶段，因而探讨具体的策略与路径非常重要。根据实地考察、借鉴其他项目的成功经验、与专业人士的交流探讨以及个人思考，现在对黄河流域旅游资源区域一体化开发与高质量发展的策略与路径进行尝试性阐述。

一、构建完整统一的数据库与信息平台

黄河流域山东段各地市通过全面真实的文化资源调查构建完整统一的黄河文化遗产、黄河文化基因与遗传体系数据库与信息平台，为文化旅游资源保护与开发奠定坚实基础。

要进行黄河旅游山东段文化遗产保护与旅游项目一体化开发首先必须对黄河流域山东段的地形地貌（高原、山地、平原、丘陵、盆地等）、气候（光照、气温和降水等）、文化遗产（物质文化遗产、非物质文化遗产）、城市发展水平（菏泽、济宁、泰安、聊城、济南、德州、滨州、淄博、东营等地级市，以及泰安东明、菏泽牡丹区、鄄城县、郓城县、梁山县、东平县、东阿县、平阴县、长清区、齐河县、槐荫区、天桥区、历城区、济阳县、章丘区、邹平县、惠民县、高青县、滨州滨城区、博兴县、利津县、东营区、垦利区等县区）、交通运输、人口分布、现有景点及旅游项目、地方文化形态、各地城市规划以及其他一切与黄河流域文化遗产保护与旅游开发的相关因素进行调查并建立数据库与信息平台。

信息在现代社会与物质、能量一起被称为人类社会发展的三大要素，普遍被认为是当代社会生产力出现飞跃的新质。"信息化"的概念在20世纪60年代初提出，从内容上看，信息化可分为信息的生产、应用和保障三大方面。在信息社会中，信息资源成为最基本的发展资源，信息服务性产业成为基本的社会产业，而数字化和网络化成为社会交往的基本方式。从某种意义上而言，信息比物质和能源更为重要，以开发和利用信息资源为目的信息经济活动迅速扩大，逐渐取代工业生产活动而成为国民经济活动的主要内容。

数据库是按照数据结构进行组织、存储和管理数据的仓库，也是一个在计算机内长期存储的、可共享的、有组织的、统一管理的大量数据集合。

建立黄河流域文化旅游资源数据库与信息平台的目的是建立真实、全面、

完善的关于黄河流域山东段文化旅游资源的数据库、资料库，摸清家底，为文化旅游资源保护与开发奠定坚实基础。

在进行文旅项目开发的规划设计阶段之前必须掌握第一手、全面的资料才能真正因地制宜地规划设计好项目，如果没有翔实的信息往往会导致错误的规划设计。没有调查就没有发言权，没有翔实的资料就不会有好的项目规划与设计，没有好的规划与设计就不可能有好项目的建设、运营与收益。旅游项目失败的例子在现实中非常多。比如，和仙坊民俗文化村旅游项目，建成运营时间不长就陷入困境，最重要原因是对项目的选题、定位、规模、经营缺乏周密调查，不考虑当地的具体情况与市场需求，对开发项目不进行可行性论证，仓促决策，急于求成。由此可见进行全方位调查论证的重要性。在进行全方位调查、摸清各种情况后必须建立数据库与信息平台才能为项目规划设计、施工运营及后续服务提供信息支持，这对于浩大的文化旅游项目而言尤为重要。因为项目涉及的单位、个人多，施工周期长，人们对信息的需求是全方位、全天候的，如果没有数据库与信息平台，即使有充足的信息资料，人们也难以快速而准确地获得。另一方面，从社会及信息时代的发展需求而言，建立数据库与信息平台目前已经成为一种必要的基础建设，并不超前，如果没有相应的数据库与信息平台，对于旅游项目建设水平而言已经相对落后，已经不适应社会高水平发展的需要。

关于黄河流域山东段文化遗产保护及旅游开发的信息应该包含什么内容，简而言之，与之相关的信息都应该调查收集，资料收集的越全面、越真实，对于项目的开发越有利。黄河流域山东段文化遗产包括物质文化遗产与非物质文化遗产。物质遗产包括与黄河直接有关或在流域范围内的古遗址、古河道、古河堤、古引水渠、古庙宇、古村落、古墓葬、古建筑、石窟寺、石刻、壁画、滩涂、特有动植物以及与黄河流域老百姓生活紧密相关的生产、生活物品，如各种农具、灌溉设备、桥梁、渡河皮筏与船只等等。无形文化遗产是指被各群体、团体，或者个人视为其文化遗产的、不以物质载体为主要特征的各种实践活动、表演、表现形式、知识和技能及其有关的工具、实物、工艺品和文化场所。黄河流域非物质文化遗产包括如民间文学、神话故事、民谣歌谣、戏剧、民俗活动、歌圩、庙会、传统节日庆典、表演艺术、烹调、传统医药、传统知识和技能以及与之相关的器具、实物、手工制品等。例如《黄河船夫曲》："你晓得天下黄河几十几道湾哎？几十几道湾上，几十几只船哎？几十几只船上，几十几根竿哎？几十几个那艄公嗬呦来把船来搬？我晓得天下黄河九十九道湾哎，九十九道湾上，九十九只船哎，九十九只船上，九十九根竿哎，九十九个那艄公嗬呦来把船来搬。"对于这些的民谣，相关的歌词曲调、音频录音、视频影像、相关研究报告及论文等所有信息如果有条件都应该收集整理，将之保存起来。

　　吕剧又称化装扬琴、琴戏，山东最具代表性的地方剧种，中国八大戏曲剧种之一，同时也是国家级非物质文化遗产。吕剧起源于山东以北黄河三角洲，主要有博兴县和广饶县之起源说，它由山东琴书演变而来。其音乐属于板腔体，兼唱曲牌，主要伴奏乐器是坠琴（主弦）、扬琴、三弦、琵琶，它们被称为"吕剧四大件"。吕剧以淳朴生动的语言、优美悦耳的唱腔、丰富多彩的音乐语汇而深得广大人民群众喜爱，主要流行于山东大部和江苏、安徽、东北三省的部分地区。对于吕剧信息的收集比较广泛，信息量也非常大。必须对其各个地区、各个时段的信息分别收集整理与储存。工作必须要全面细致，例如对于吕剧的伴奏乐器就有四大件：坠琴（主弦）二胡、扬琴、三弦（现一般用琵琶）。其他：高胡、古筝、笛子、笙、竹笛、长笛、唢呐、海笛（小喇叭）、大提琴、电子琴、贝斯等。打击乐器：板鼓、板、堂鼓、定音鼓、大锣、小锣、汤锣、钹、荷叶钹、小钹、苏锣、木鱼、梆子、碰铃等。锣鼓点：（也叫锣鼓经）一击锣、阴锣、四击头、大锣垛头、小锣垛头、叫头、回头、冲头、快冲头、收头、凤点头、帽儿头、住头、抽头、长垂、慢长垂、快长垂、串垂、乱垂水底鱼、一封书、纽丝、滚头子、扑灯蛾、紧急风、丝鞭、望家乡、崩登仓、八打仓、扎多衣等，那么在进行信息收集时这些乐器的图片、使用方法、制作方法、作用等都应该收集。

　　信息收集主要有四种方法：一是查阅资料法，查阅图书馆、博物馆、报纸、行业网站、文献、杂志、广播电视传媒专访等。二是调查法，①拜访调查法；②电话采访法；③问卷调查法。三是观察法，通过开会、深入现场、实地采样、进行现场观察并准确记录（包括测绘、录音、录像、拍照、笔录等）调研情况。四是互联网信息收集法，通过查询计算机网络发布、传递和存储的各种信息。

由于数据库与信息平台的建设与维护需要大力的人力物力与财力，因此数据库与信息平台的建设工作应该由省级部门主管与建设。数据库与信息平台对单一企业而言难以产生较快的经济效应，由旅游公司或其他企业来建设是不现实的。信息收集过程中牵扯的方方面面极多，很多时候企业无权力、无能力来获取相关信息，必须由政府部门强力介入。资金的投入巨大、时间周期长、信息的使用受众众多、知识产权保护不完善等等诸多因素制约数据库与信息平台的建设。有的是客观条件制约，有的是主观条件制约，总之数据库与信息平台的建设难度大、任务重，但又是黄河流域文化旅游开发不得不进行的基础性工作，因此需要山东省各政府部门、沿黄九地市的通力合作才能完成。

在进行实地调查、数据采集以及信息管理应用时应遵循以下五个准则。一是保证信息的完整性和原真性。原真性前面我们曾经论述过，就是要保证数据、资料的真实性，剔除不真实的资料或不真实的部分。这需要在多方面下功夫，比如建立严格数据采集、科学认证的规章制度，严把用人关；对采集的数据聘请专业人士进行科学认知；保障人员和财力的充足，因为这两方面如果存在问题，扎实的工作难以进行。二是保证历史文化系统进化的连贯性。历史文化进化是指历史文化不是静止不变的而是一种时间形式的过程，过程是持续的，通常具有累积性的、进步性的。经由此过程，文化现象便系统地组织起来发生变迁。一个历史时期的文化形式或文化阶段，连接着另一种文化形式或另一个文化阶段继续变迁。在进行历史文化信息调查时尽量保持连续性和完整性。例如，收集了新中国成立前的吕剧信息，也要收集"文化大革命"之前的相关信息，直至当前的信息，不要断裂。三是确保文化基因的数量齐全。四是确保种类的多样性。五是保证各种模式合理搭配，切忌一个方法用到底。在实际信息的采集、整理、运用及维护阶段，应该根据实际情况采取不同的方法、手段与模式。例如对于黄河流域一些与灌溉相关的文化遗迹就应该主要采用田野调查的方式收集资料，这是最恰当的方式。不能贪图省力而到图书馆查阅下载资料。而在对数据进行处理阶段就不能采取田野调查的方式，而应该运用各种模型、数据分析软件进行数据处理。同样对于一些地形地貌、气象方面的数据也不可能自己去进行测量，况且许多都是历史数据，这时候就需要到地质部门、气象部门去调阅下载数据。

二、以河道为轴线的整体线性规划

以河道为轴线串联历史文化遗迹，对黄河历史文脉调研分析基础上运用"历史之线""遗产之线""工业之线"和"农业之线"四条流线景观规划理念进行整体规划，建立黄河山东段历史文化景观廊道。

黄河流域文化遗产保护与旅游一体化开发可以借鉴欧洲文化线路与美国遗产廊道的理念、建设开发思路，建设以黄河河道为轴线的文化旅游景观带。以黄河为纽带将黄河沿岸、黄河流域山东段的文化遗产景点、自然景观以及现代元素串联为一体，形成一体化、整体化、特色化的文化旅游区域。这一思路在中国国内有许多较为成功的范例。例如，位于广东省韶关市乳源瑶族自治县的乳源西京古道，开凿于近2000千年前的东汉时期，是古时"上通三楚，下达百粤"的上京城道路，沿途古建筑有大觉禅寺、观音堂、文昌塔、文塔等，反映了岭南军事文化、宦游文化、商贸文化和广东历史变迁，是广东省不可多得的历史文化资源。乳源县非常重视古驿道的建设，成立了由县住建局、文广新局、博物馆、体育局、旅游局等部门组成的西京古道保护利用工作领导小组。通过对梯云岭亭、通济桥、观澜书院等古道遗存的保护，打造大桥镇、老屋村、梯下村等古驿道沿线的古镇古村；开展盘王节、圣祖祭、契嫂生日等民俗节庆活动，助推旅游产业发展。同时把南水湖国家湿地公园、南岭国家森林公园、一峰生态园、云门山、云门寺等旅游资源融合起来，依托古驿道文化线路大力发展集人文体验、自然观光、生态休闲、运动探险为一体的综合型旅游产业，实现遗产保护、健康休闲和村镇发展和谐共赢，取得了较好的社会效益与经济效益。

"历史之线""遗产之线""工业之线"和"农业之线"是黄河流域文化遗产保护与旅游一体化开发的主线选择之一。在主线确定之后可以增加一条副线，主线与副线交相辉映更具有魅力。

"历史之线"与"遗产之线"可以融合为一体，因为从某种意义上而言历史发展之线必然遗留下许多物质遗产与非物质遗产，而遗产之线必然依托众多历史遗迹。客观而言文化遗产不是只属于一个朝代，而是属于多个朝代的。广东省韶关市乳源瑶族自治县的乳源西京古道本质上就是一条历史之线与遗产之线的融合之线。其历史的韵味来自沿途的众多古建筑、古遗迹，而众多古建筑与古遗迹反过来是对历史之维的阐释。

黄河流域山东段有许多文化遗产、古迹。例如菏泽地区的黄河故道。菏泽地区受黄河水害的最早记载，为公元前132年（汉武帝元光三年）瓠子决口，自此以后至1875年（清光绪元年）的2007年间，黄河决口泛滥淹及菏泽有134年。

黄河河道流经菏泽地区主要有南宋故道、元代故道、明清故道等。现菏泽市南部曹县、单县境内故道即明清黄河故道。随着菏泽黄河故道旅游开发，曹县黄河故道国家湿地公园、八里湾风景区，东明县黄河森林公园，单县浮龙湖度假区已经是较为成功的旅游项目，为黄河流域山东段"历史之线""遗产之线"旅游开发提供了宝贵经验。

"农业之线""工业之线"是指黄河沿岸及其流域地带的农业景观与工业景观，特别是具有历史感的所谓工业锈带景观与传统农业景观。"锈带"概念来自美国，指美国东北部各州，东起俄亥俄州，西至艾荷华州，北至密歇根州，这些地带曾是美国传统工业制造业中心，随着社会发展这一带工厂大量倒闭或搬走，成为所谓"生锈地带"，而一些工业遗迹成为旅游线路景点。黄河流域山东段的菏泽、济南、淄博、滨州与东营等市曾经在黄河岸边或附近建起许多工厂，如济南的济南钢铁厂、滨州的棉纺厂等，如今许多工厂已不再生产，成为工业遗迹，而这些遗迹可以建设以观光为目的的工厂遗迹景点线。而黄河流域大部分地区是农业区，世世代代人们在黄河两岸繁衍生息，依靠的就是农业。黄河流域人们耕种的农作物、蔬菜各地市不同，不同历史时期使用的农业工具、灌溉设备、农舍等也各不相同，因而黄河旅游不同的农业景观就成了一条沿着黄河河道延伸的农耕文明之线。例如，黄河沿岸城市滨州将休闲农业与特色农业及地方传统文化相结合，举办冬枣节、梨花节、桃花节等，大力发展休闲观光农业，取得了显著的经济效益和社会效益。位于黄河三角洲的东营以南二路旅游观光带为主线，利用自然资源、人文资源、农业规模化基地建设和特色农副产品生产，开发建设生态休闲观光农业，引导带动全区休闲观光农业发展。建成一批农产品种植、畜牧水产养殖、观光采摘、休闲赏景、农事体验、农副产品销售、农家乐特色餐饮等功能于一体的休闲观光农业基地，如华林庄园、龙居黄河展区生态园、丽日锄禾、蓝海生态农业观光园等，取得了较好的社会效益和经济效益。

三、统筹规划，整合开发，坚持山东段黄河旅游一盘棋（一体化开发）策略

黄河流域山东段虽然只是黄河流域长度的一部分，但其绝对长度、流域面积、涉及地市与人员却十分庞大，因而进行统筹规划、整合开发非常必要。过去各个地市甚至各个县区各自规划、各自为政，致使黄河流域文化旅游资源的开发出现许多问题，没有形成具有影响力的文旅产品。因而在将来的规划与建设中必须以此为鉴，避免犯同样的错误。黄河旅游文化旅游资源的整合包括多个方面，如政府之间整合；旅游企业之间整合、社会组织之间整合、旅游空间整合、文化旅游产品整合、市场营销整合。

（一）政府之间整合

黄河流域山东段沿线进行旅游资源开发涉及的政府层级包括省级政府、市级政府、县区级政府、乡镇政府甚至村民委员会，而涉及的政府部门更多，如交通部门、文化部门、国土部门、文物部门、宣传部门、旅游部门、工商部门、税务部门、规划部门、公安部门、消防部门、电力部门、水务部门、河务部门、财政部门、林业部门、农业部门、银行、建筑公司等等。如果没有政府的强力协调，全面有效的区域一体化难以实现。在一体化开发过程中需要根据有机统一原则整合相关职能，进而设置相应的统一部门。优化调整纵向政府间关系十分重要，突破纵向政府间的格局在一体化开发中同样至关重要。当然政府之间、政府部门之间协调的难度极大，受到各个方面的制约。在现实中，如果要进行黄河流域整体性的开发必须自上而下进行权力、义务与职责的整合，做好顶层设计至关重要。在顶层设计之时要充分考虑到可能遇到的困难，理顺各部门的关系，如主次关系、上下关系、协调关系等。顶层设计方案要进行充分的认证，在此基础上再确立工作具体流程。

（二）旅游企业之间整合

总体而言一个或几个公司进行整合一般是为了扩大经营规模或者提高经济效益。黄河旅游山东段各地市都有旅游公司和企业及其关联公司，虽然各地市旅游企业众多，有的实力强，有的实力弱，但总体而言实力难以与整个黄河流域旅游资源整体开发相契合，因此旅游企业之间的整合就成为一种现实必要。旅游公司整合的目的是提高黄河流域文化旅游资源的利用率，将黄河流域建设成为高质量、高效益、高知名度的旅游基地。在整合过程中，由于旅游公司千差万别，各有自己的利益，因而整合的难度较大。但为了整体利益而又必须进行整合。如果各个公司各自发展，由于自身实力、眼界有限难以靠自身能力做大做强。即使有能力扩大规模，但如果没有其他地市的大力支持也难以发展为跨地市的旅游品牌公司。

（三）社会组织之间整合

社会组织是具有一定数量且较为固定成员、具有特定目标、具有实现目标的结构和手段、具有明确规定活动组合模式、具有特定的功能并确定了成员分工和权力分配的单位或团体。现实中，在黄河流域文化旅游资源开发过程中需要许多社会组织的参与，而这些组织千差万别，各有自己的优势与利益诉求，因而在开发过程中有必要对这些社会组织进行整合，目的是提高开发的速度、质量，减少内耗，提高经济效益与社会整体效益。

（四）旅游空间及其要素之间的整合

吸引物、交通、住宿、支持设施和基础设施是影响旅游的五大空间要素。区域（黄河流域）的空间结构涉及的内容与层面异常复杂。旅游空间结构是旅游系统以空间为要素所进行的表达方式，是旅游系统功能组织方式在空间上的具体表现或影像，也是指人类旅游活动中目的地、客源地和交通线路系统之间的地区差异和由此而产生的空间相互作用的结果。区域旅游空间布局是通过对土地及其负载的旅游资源、旅游设施分区划片并对片区的名称、发展主题、形象定位、旅游功能、规划设计、项目选址、突破口落实到合适的区域，并将空间部署形态进行可视化表达。

旅游空间布局规划应坚持如下原则：持续发展原则；核心—边缘理论；

顺应规律原则；整体优化的原则；适度超前的原则；整合互动的原则；统筹兼顾的原则。旅游资源区域整合必须以优势旅游资源为核心形成若干增长极或层面，突出资源优势互补、建构合理平衡的区域旅游体系；在用地紧张的城市，要积极协调旅游用地规划和城市旅游圈的构造；区域旅游不能单兵作战，必须联动发展。旅游区位论对旅游空间布局的指导作用主要包括：确定旅游空间组织层次；旅游线路设计；场所选择；集聚效应；等等。

（五）文化旅游产品整合

旅游产品是一种实物或服务，包括景点及相关交通、食宿、项目及相应服务出售的旅游活动项目类产品以及旅游线路类产品。旅游产品按照功能或目的可以分为五种类型：观光旅游产品；生态旅游产品；度假旅游产品；专项旅游产品；旅游安全产品。旅游产品整合是指以现代技术为手段，以文化、历史、地域、环境为主线系统，全面、跨区域地开发特色旅游产品，而不是如过去那样只注重自身的发展。旅游产品整合说到底是旅游吸引物的整合，而不仅仅指旅游吸引物、旅游交通与旅游经营接待。旅游产品整合既能避免各地区旅游产品的雷同又能使旅游资源得到充分的利用。黄河旅游各地市各景点的旅游产品经过整合后，谁负责开发何种产品，发行区域及价格等都可以明确下来，避免恶性竞争，避免损害黄河旅游产品的声誉。

（六）市场营销整合

市场是商品经济的范畴，是一种以商品交换为目的的经济形式。市场营销既是一种职能又是一种活动、过程和体系。"服务营销理论之父"、世界CRM大师克里斯琴·格隆罗斯强调营销的目的是满足消费需要、实现企业市场调研、选择目标市场、产品开发、产品促销等一系列与市场有关的企业业务经营活动。旅游市场也需要营销，现实中旅游市场营销存在着许多问题，如现在的许多旅游企业没有合理的市场营销发展规划。一个旅游产品一般要经历投入期、成长期、成熟期、衰退期的过程，并不是产品一投入市场就等着赚钱，要有长远市场营销规划；一些企业怀着"宁让利润，不让市场"的心态大打价格战，盲目削价竞争，追求短期目标，使得许多旅游企业不得不卷入价格战中来。另外，旅游市场营销存在忽视售后服务问题。

美国西北大学教授舒尔兹等人的整合营销传播理论（IMC）是旅游整合营销理论的基础。旅游整合营销理论的最基本含义就是根据旅游企业的目标设计、制定具体发展战略，并通过支配、整合资源来实现这一目标。整合营销包括不同营销功能——销售、广告、产品管理、售后服务、市场调研等的协调，以及不同营销单位——地区、行业、部门、企业之间的协调①。旅游市场整合的策略有许多种，例如以旅游者为中心整合产品；以成本为中心整合价格；以便利性为中心整合销售管道；以整体形象为中心整合促销工具；等等。旅游整合营销的主体是多元的、开放的，国家、地区、单个企业或个体都可以是旅游整合营销的主体。黄河流域旅游市场整合的主体可以是山东省政府、各地市政府或旅游公司。但对于黄河流域山东段旅游市场的整合应该以全流域市场整合为主体，将全流域内的流域资源统一整合。整合的内容包括旅游产品、客户群划分、广告等营销手段协调、资金等方面。在整合过程中必须尊重市场规律，以商业模式进行整合，少用行政手段，最终的目的是提高黄河流域山东段旅游市场的质量、知名度、经济效益及社会效益。

四、运用创意设计与高科技激发黄河文化旅游资源活力

为迎合青年群体对文化旅游创造性开发的期待，必须将现代元素与现代科技融入黄河文化资源的开发中，通过仿古融今、推陈出新、活化资源、准确定位旅游形象、品牌化经营，为现代旅游者提供强体验力与感染力的市场。

旅游是青年最喜欢、最时尚、最普遍的一种生活方式。进入21世纪之后，随着社会发展水平的提高，新一代青年群体逐渐承担起社会责任，并以其不断提高的经济能力而成为旅游市场不可或缺的消费力量，出游率显著高于"60后""70后""80后"。这与新世代群体富有个性、敢于冒险挑战等特征密切相关。途牛旅游网对外发布的《青年在线旅游消费报告2017》显示，中青年出游意向较强，占比较高，轻松自在的自助游是青年游客最青睐的出游方式。青年人是旅游群体的一个重要组成部分。在市场日益细化的欧美国家早已形成了针对青年人特点的旅游市场。例如，青年人普遍爱好修学旅游，

---

① 杨军:《旅游公共管理》，南开大学出版社，2008，第2页。

对此旅游景区可设计一系列学习目的较强、能增进社会实践经验和开阔眼界的修学旅游项目；青年人爱好体育旅游，景区可根据这一特点开展具有健身和娱乐性的旅游活动；青年人爱好探险旅游，景区可以在保障安全的前提下开发漂流、攀岩、探秘等探险旅游活动；青年人爱好生态旅游，景区可以针对大学生崇尚自然、保护环境的心态，设计生态旅游产品。

黄河流域山东段文化旅游资源开发虽然以文化遗产、自然生态资源以及流域文化遗迹、非物质文化遗产等为主要开发对象与吸引卖点，但文化旅游资源开发必须与时俱进以适应新的旅游风尚、新的旅游顾客群体，在此背景下充分利用创意设计与高科技激发黄河文化旅游资源活力十分必要。在文创领域有许多成功的案例，例如浙江庾村文化市集就是其中的一例。该项目是由清境（上海）旅游投资管理有限公司投资4000多万元在德清莫干山脚下兴建的一座文化创意园，该园包含了文化展示、艺术公园、乡村教育培训、餐饮配套、艺术酒店等特色文化。其中莫干山庾村文化市集蚕种场通过对废弃场地的再利用，活化空间，建造的"竹棚"，将零散的室外空间提升融合，采用当地盛产的竹子、民间简单实效的建造方式，这些创意为小镇旅游增添了不凡的魅力。

庾村文化市集是文化旅游创意设计成功的范例。莫干山庾村虽然具有特定的文化元素及一定的旅游资源，但是如果没有具有创意的旅游项目规划设计，没有现代元素的嵌入，没有现代科技的大胆使用，没有仿古融今、推陈出新、活化资源、准确定位旅游形象、品牌化经营的思想观念，它们难以成为众多游客向往的旅游目的地。在黄河流域文化旅游一体化开发过程中不需要照搬、模仿庾村文化市集的具体设计手法，但必须将现代元素与现代科技融入黄河文化资源开发的理念与实际行动，只有开发出具有吸引力的旅游产品才能真正激活、提升黄河流域文化旅游的活力，只有与时俱进、大胆创新、积极运用新科技，才能开发出具有未来发展前景的旅游市场与产品，为现代旅游者提供具有新颖性感染力的旅游产品，实现黄河流域山东段高质量发展的目标。

五、增强政策与法律法规支持力度，为黄河流域旅游高质量发展保驾护航

旅游发展是一个系统工程，离不开完善的政策与法律体系保障。建立相应财政金融、市场监管、人才培养等机制，对旅游关系的稳定具有规范作用，对旅游秩序的维护具有强制作用，对旅游经济的繁荣具有激励作用。

提高旅游执法队伍依法行政意识与行动自觉，普及和强化全社会旅游法律法规知识的掌握和运用，可以为黄河流域文化旅游开发创建、营造良好的法治氛围，为营造文明安全、和谐有序的旅游环境，确保旅游产业持续健康发展奠定坚实的根基。具体而言可以成立旅游发展局和旅游巡回法庭、旅游工商分局、旅游警察及旅游市场综合治理领导小组成员单位的"1+3+N"旅游综合执法机构。全面推广完成旅游市场综合治理执法体制改革工作。完成全域旅游综合执法监管机构设置，形成齐抓共管格局，为游客营造全域放心、舒心、安心的旅游环境。

旅游企业特别是黄河流域文化遗产保护与文化旅游开发项目此类公益性旅游开发单位，由于项目前期投入巨大、运营成本高、旅游收益低，因而必须由相应的财政金融支持机制才能生存与发展。然而如果全部由政府财政负担，往往会导致开发项目效率低下，成为吞噬资金的黑洞，因此在建立财政金融支持机制时必须统筹考量，既要提供坚强的支持，又必须激活项目内部、公司内部的活力，二者必须适当平衡，不能偏废。同时市场监管也非常必要。市场监管是指对市场和市场规则的监管，目的是建立公平合理的市场环境。市场监管要严格市场主体准入和市场行为两个方面，禁止非法经营活动，防止不合理的投资，打击垄断和不正当竞争，查处虚假宣传与投机倒把等扰乱市场经济秩序的行为，杜绝损害其他经营者和消费者合法权益。从宏观方面建立良好的经济秩序。

旅游人才是旅游产业的关键因素之一，没有旅游人才的智力支持，旅游业及旅游公司都难以持续发展。旅游人才是指具有旅游知识和技能，具有旅游市场经济意识，懂旅游管理，有旅游经营能力的人员。现在旅游人才的短缺不仅表现在"量"上，更表现在"质"上，目前中国旅游业最缺的就是优

质人才。例如优质的导游人才就比较稀缺。旅游市场对优秀导游的要求较高，不仅要求导游人才知识面广、形象气质佳，还要善于沟通、精通外语，肯吃苦、肯钻研等。

既然旅游人才缺乏，难以适应旅游业发展，因此政府应该通过各种手段培养人才。主要培养三类人才，一是了解商贸知识、商贸会展、连锁经营、广告策划、拍卖经纪、高级翻译等专业知识的导游人才。二是熟悉旅游业发展的方针、政策和法规，具有运用旅游管理理论分析和解决问题基本能力，了解旅游业的发展动态的旅游管理人才。三是具有本科以上学历，擅长旅游商品开发、设计的高层次人才。能够设计与推广具备纪念性、观赏性、艺术性、知识性、独创性和收藏性旅游产品的专业人才。对于黄河旅游文旅开发，第三种人才最缺乏，应该出台相关配套政策大力培养、引进此类人才。特别对于一些领军人才，应该在工资待遇、子女教育、住房保障等方面提供优惠的政策。

出台相关政策推动黄河文化产业与科技、旅游、金融等产业的融合是新时代社会发展的必然要求。文化产业是阿多诺和霍克海默在《启蒙辩证法》（1947年）一书中率先提出的概念。文化产业作为一种较为特殊的文化形态和特殊的经济形态的综合体，在不同国家人们从不同角度对文化产业进行了不同的理解与阐释。文化产业狭义上包括文学艺术创作、音乐创作、摄影、舞蹈、工业设计与建筑设计①。既然作为一种产业，作为一种生产与消费活动，文化产业必须满足现代人文化需求，因为现在人们的文化需求多元化，文化产业就必须与科技、旅游、金融、影视、艺术设计等紧密融合，只有集合了多种科技创造出来的文化产品才能成为现代人的消费对象。黄河流域文化旅游产业或产品的设计、生产、消费与再消费是一个复杂的过程，只有推陈出新、锐意创新才能使黄河流域文化旅游开发走在时代前列，创造出造福黄河流域人民的新成果。

---

① 《文化部公开发布2014年文化发展统计公报》，人民网，http://culture.people.com.cn/n/2015/0514/c172318-27002707.html，引用日期2019年8月20日。

六、发挥沿黄城市引领与辐射作用

重要文化旅游资源集中在城市附近，因而集中高效地以济南、淄博、滨州、东营、潍坊、济宁、菏泽等城市的文化遗产等旅游资源保护与开发，对于带动辐射黄河全流域的开发与发展至关重要。虽然在社会发展过程中力求城市与乡村的协调、均衡发展，但在社会现实中无疑城市总是处于发展的领先地位，城市引领与辐射乡村发展成为一种必然现象，甚至是一种规律。因此发挥沿黄城市引领与辐射作用带动黄河全流域旅游资源的开发与发展成为一种必然选择。

济南、淄博、滨州、东营、济宁等城市不但有丰富的文化遗产、文化旅游资源而且拥有深厚的经济实力、科技实力、人才实力。黄河流域文化旅游开发如果以这些城市为支点或中心，引领或辐射周围农村地区高质量发展与旅游开发必然有事半功倍的效果。广大农村地区拥有丰富的自然资源、土地资源，可以作为旅游产业或景点开发的承载地，而城市可以提供财政、人才、科技等资源。在城市与乡村的协调组合下，黄河流域文化旅游资源开发大有可为。而如果城市与乡村隔离，为了短期的自身利益各自为政，必然难有长远的大规模的发展。因为黄河流域文化旅游资源开发是一项浩大的工程，需要大量的人力物力与财力作支撑，单靠一各地方或一个城市的实力难以承担。即使整合黄河旅游山东段各地市、各乡村的力量也难以在短时间内完成如此浩大工程；即使短时间内能够投入大量物力与财力，没有高端人才的加入，工程仍然难以在短时间内完成，而人才的培养需要时间的积累。

七、产业联动开发

通过商贸活动、发展文化产业等促进黄河旅游资源整合、产业联动发展和区域综合开发。文化旅游产业虽然以旅游资源为基础，但实际上与之相连的层面非常多，而黄河流域文化遗产保护与文化旅游资源一体化开发是一项浩大工程，与之相连的层面更多更广更深，因此不能以单一文化旅游产业的视角进行工作，必须与其他产业或活动进行产业联动发展和区域综合开发，才能少走弯路，取得实效。

产业联动能够促进区域产业结构优化升级和可持续发展，能够提高区域信息化水平，能够提升区域人力资源开发的层次、规模和效益。

行业之间的产业联动也是黄河流域山东段文化旅游产业开发过程中积极争取的策略。产业联动的过程是要素流动的过程，要素流动包含资金、技术、人才和信息流动。而不同行业之间的产业联动表现为不同行业资金、技术、人才、信息的流动，以及市场的整合。文化旅游产业可以与商业、教育、交通业、工业、农业等产业进行资源的共享，使文化旅游产业的要素得到流动、整合，从而提升整个行业的市场规模、经济效益及商业活力。例如文化旅游与商务活动融合催生商务旅游。进入21世纪后商务旅游成为发展最快的旅游项目之一，从其规模和发展看，已成为世界旅游市场的重要组成部分。而且仍有巨大的发展潜力。商务旅行，主要涉及交通、迁移、住宿、体育赛事、文化或者饮食活动和饭店行业的宴会。商务旅行活动具有复合性特征，包括展览、会议、谈判、考察和科技文化交流、政治访问等活动。同时具有附带性和多重性特征。商务客人进行商务活动时，随行人员（如司机、秘书、保镖等）一般会进行观光、度假旅游活动。而随着社会经济的发展，现代商务旅游服务不仅仅是代买机票、预订酒店，更重要的是为商务游客提供一揽子全套旅游管理项目。

促进黄河旅游资源整合、产业联动发展和区域综合开发还可以与教育结合起来。文化旅游与教育产业的结合具有先天优势。国务院办公厅于2013年2月印发了《国民旅游休闲纲要（2013—2020年）》，纲要中提出了"逐步推行中小学生研学旅行"的规划与设想。研学旅行是研究性学习和旅行体验相结合的一种旅游形式，一般指由学校或社会团体组织安排学生集体参加的有组织、有计划、有目的的校外参观体验实践活动。研学旅行某种意义上继承和发展了中国"读万卷书，行万里路"的传统教育理念和人文精神。研学旅游的目的是为素质教育开拓新内容、新模式。黄河流域文化旅游开发可以与研学旅游活动对接，在黄河沿岸的各个地市建立高质量、多层次的研学旅游基地或文化项目，让学生们在黄河岸边根据区域特色、学生年龄特点和各学科教学内容组建各种形式的研学活动，丰富学生关于黄河的自然与人文知识，加深与黄河和黄河文化的亲近感，一方面发扬光大黄河文化精神，另一方面也提高了黄河流域文化旅游开发项目的经济效益、社会效益，实现黄河流域山东段高质量发展的目标。

另外，增强对外宣传力度，加快与外围区域的融合，逐步建立区域性大旅游发展格局也是黄河流域遗产保护与文化旅游产业一体化开发的重要策略。在全媒体、"互联网+"的时代，及时、积极、正面的新闻报道、品牌策划等会产生令人叹为观止的"宣传蝴蝶效应"。推广黄河旅游文化旅游项目通过音视频、动漫、网络电视、手提袋、文化衫、宣传片、歌曲、微博微信等精准、高效的宣传可以塑造良好的公众形象，提升知名度及整体效益。同时要积极与其他区域的文化旅游开发项目进行合作，通过共享信息、顾客群体、科技等实现共赢，以尽可能低的时间成本、人力物力财力投入实现黄河旅游遗产保护与文化旅游资源一体化开发，以及黄河旅游高质量发展的宏伟目标。

参考文献

一、英文类

［1］Alexander.C. A new Theory of Urban Design［M］. NewYork：Oxford University press，1987.

［2］Blackmore Susan. The Meme Machine［M］. Oxford：Oxford University Press，1999.

［3］Gabrielle M. L. The Delaware Valleyinthe Early Republic：Architecture，Landscape，and Regional Identity［M］. Baltimore：Johns Hopkins University Press，2004.

［4］Llberto M. The Route of Santiagoin Spain（Camino Frances）as WHS：Its Conservation and Management［M］. Xi'an：World Publishing Corporation，2005.

［5］Peter H B. America's Waterfront Tevival：Port Authorities and Urban Redevelopment［M］. philadelphia：University of Pennsylvania Press，2008.

［6］Richard W. Berman. Assessing Urban Design：Historical Ambienceon the Waterfront［M］. Lexington：Lexington Books，2006.

二、中文类

［1］李玉洁.黄河流域的农耕文明［M］.北京：科学出版社，2010.

［2］蒋涛，吴松，秦素粉.水文化导论［M］.成都：西南交通大学出版社，2017.

［3］郑贞富，李玲玲.黄河流域的青铜文明［M］.北京：科学出版社，2010.

［4］宋立杰.山东水文化［M］.北京：中国社会科学出版社，2017.

［5］徐其忠，李靖莉，王燕.黄河三角洲古文化遗存研究［M］.济南：山东人民出版社，2002.

［6］王志民.山东省历史文化遗址调查与保护研究报告［M］.济南：齐鲁书社，2008.

［7］朱正昌.遗址［M］.济南：山东友谊出版社，2002.

［8］王天顺.河套史［M］.北京：人民出版社，2006.

［9］李江敏，李志飞.文化旅游开发［M］.北京：科学出版社，2000.

［10］渑池县地方史志编纂委员会.渑池县志［M］.北京：方志出版社，2000.

［11］马克思·韦伯.经济与社会［M］.林荣远，译.北京：商务印书馆，1997.

［12］拉尔夫·达仁道夫.现代社会冲突［M］.北京：中国社会科学出版社，2000.

［13］牛玉国.黄河文化专题研讨会文集［M］.济南：黄河水利出版社，2009.

［14］马克思，恩格斯.马克思恩格斯全集（第21卷）［M］.北京：人民出版社，2003.

［15］施雅风.中国全新世大暖期气候与环境［M］.济南：海洋出版社，1992.

［16］谢清溢.最美的时光在路上［M］.天津：天津人民出版社，2014.

［17］奎纳尔·希尔贝克，尼尔斯·吉列尔.西方哲学史——从古希腊到当下［M］.童世骏，等译，上海：上海译文出版社，2016.

［18］苏珊·布莱克摩尔.迷迷机器［M］.高申春，等译，长春：吉林人民出版社，2001.

［19］希拉里·迪克罗，鲍勃·麦克彻.文化旅游［M］.朱路平，译，上海：商务印书馆，2017.

［20］王尚义，张慧芝.历史流域学论纲［M］.北京：科学出版社，2014.

［21］郦道元.水经注：上册［M］.史念林、曾楚雄，等译，北京：华夏出版社，2006.

［22］中华文明史话编委会.中华文明史话——黄河史话［M］.北京：中国大百科全书出版社，2008.

［23］陈梧桐，陈名杰.黄河传［M］.保定：河北大学出版社，2009.

［24］杜省吾.黄河历史述实［M］.郑州：黄河水利出版社，2008.

［25］魏源.魏源集：上册［M］.北京：北京中华书局，1976.

［26］中国水利水电科学研究院水利史研究室编.再续行水金鉴：第92卷［M］.武汉：湖北人民出版社，2004.

［27］袁珂.中国神话传说辞典［M］.上海：上海辞书出版社，1985.

［28］山东省政协文史资料委员会.山东重大考古发掘纪实［M］.济南：齐鲁书社，1998.

［29］何立萍.旅游业礼仪［M］.杭州：杭州出版社，2008.

［30］董子峰.信息化战争形态论［M］.北京：解放军出版社，2004.

［31］杜玉海.山东黄河大事记［M］.郑州：黄河水利出版社，2006.

［32］杨军.旅游公共管理［M］.天津：南开大学出版社，2008.

［33］李学勤，徐吉军.黄河文化史［M］.南昌：江西教育出版社，2003.

［34］辛德勇.黄河史话［M］.北京：社会科学文献出版社，2011.

［35］蔡靖泉.文化遗产学［M］.武汉：华中师范大学出版社，2014.

［36］北京巅峰智业旅游文化创意股份有限公司课题组.旅游创新开发：巅峰案例［M］.北京：旅游教育出版社，2017.

［37］斯蒂芬·威廉斯.旅游地理学：地域、空间和体验的批判性解读：第3版［M］.北京：商务印书馆，2018.

［38］陈六汀.滨水景观设计［M］.武汉：华中科技大学出版社，2012.

［39］徐其忠，李靖莉，王燕.黄河三角洲古文化遗存研究［M］.济南：山东人民出版社，2002.

［40］张金路，孙才顺.黄河三角洲文化［M］.济南：齐鲁书社，2007.